意外的
國父

蔣介石、蔣經國、李登輝與現代臺灣

汪浩

目次

推薦序

意外塑造中華民國臺灣的國父們

黃克武（中研院近代史研究所特聘研究員）

一九八八年秋天我到英國牛津大學東方系留學，在聖安東尼學院結識了出生於上海、畢業於北京大學法律系，且拿到太古集團獎學金（Swire Scholarship）就讀國際關係的汪浩兄。我們一起讀書、一起煮飯、一起旅行，也常常天南地北地討論各種問題，而成為好友。汪浩在牛津大學取得國際關係博士之後，投身金融業，又娶了臺灣美食作家蔡珠兒。後來他們從英國移居香港，住了十九年。他們在愉景灣的住所不但是珠兒創作《種地書》的場景，也是我每次去香港時的必定拜訪之地。這些年間我們一起去過許多香港離島的登山步道，也多次品嚐珠兒所烹飪的美食。汪浩兩年前退休，他又與珠兒一起搬回臺灣定居。

汪浩返臺定居之後，一方面遊山玩水，閒暇之時則以閱讀近代史書自娛，也常常參加各種演講與學術研討會。我們常常一起爬山聊天，縱論古今，一談就是幾個小時。我發現他讀書和他以前從事金融業一樣認真而執著。搬到臺北之後，他常常到國史館、近史所檔案館查檔案、抄材料，又閱讀了大量的二手研究，累積了豐厚的歷史知識。他也關心國史館檔案開放的問題，不但在報紙上屢次投書，也和我們一起去立法院開公聽會，追求更為公平合理的學術研究環境。

這幾年他先出版了博士論文《冷戰中的兩面派：英國的臺灣政策 1949-1958》，接著又在網上發表許多文章。這些文章都圍繞著一九四九年之後的臺灣歷史。他隔幾天就寫一篇文章在「風傳媒」的網站上發表，創作力之旺盛，甚至讓讀者也應接不暇。朋友們則忙著在「臉書」上轉貼。最近，他將這一年多所寫的一部分文章集結成了書。我覺得這本書是他居住在臺灣的所思所學，也是其個人經歷、國際關係的學術專業與臺灣發生聯繫的一個體現。

汪浩說這本書是個人的「讀書筆記」，而非嚴格意義上的學術著作，這實為自謙之詞。本書除了沒有註解、參考書目等通用之學術格式外，其實是一本以扎實的學術功夫為基礎所寫成的著作。文中徵引了許多新近公布的材料，如國史館檔案、《蔣介石日記》，以及美國官方公布的檔案等。他也參考了學界最前沿的研究成果，如兩岸與英美學界所出版的各種著作。我可以很負責地說，本書中所徵引的材料都是有根有據，可以覆按，絕無虛構之處。

他對於材料的選擇與排比也下了很大的功夫，藉此而呈現出臺灣歷史複雜多面、曲折動人的發展過程，並呼應臺灣時事的發展（如馬英九總統在東吳大學的演講內容、吳敦義當選國民黨主席之後兩岸往來文書所談的「九二共識」等）。再者，由於此書不受學院規範之框限，他既不需要評大學職稱也不用申請國家獎項（這是金融家的優勢），自由自在、無牽無掛，因而可以比較淋漓盡致地恣意書寫，而充分展現個人之史識。他主要的功夫花在澄清歷史事實，想要把故事的來龍去脈盡可能地交代清楚。但在深描細寫之餘，他偶爾也會發出一些議論、畫龍點睛，讀者可以從中一窺他的另類觀點。

我拿到書稿之後細細閱讀，感到書中所討論的議題雖然嚴肅，但行文卻平實流暢，讓讀者很容易就能一口氣讀完，進而增加許多近代史知識。他書中的標題名稱都是如歷史考題般的問句，從「中華人民共和國是新國家嗎？」開始，到「李登輝為什麼提出『特殊的國與國關係』」結束，洋洋灑灑二十餘道題目，環繞著毛澤東、蔣介石、尼克森、蔣經國、李登輝等領導人的許多關鍵議題而展開，但其答案卻與「維基百科」、「百度百科」等的一般解答絕不相同，而有他獨特的觀點。

我覺得這本書在一九四九年之後的臺灣史的表述上獨樹一格。在全書理論框架上，汪浩受到林孝庭兄的《意外的國度：蔣介石、美國、與近代臺灣的形塑》（*Accidental State:*

Chiang Kai-shek, the United States, and the Making of Taiwan）與若林正丈教授的《戰後臺灣政治史：中華民國臺灣化的歷程》（臺湾の政治：中華民国臺湾化の戦後史）兩書的影響，但又無疑地在範圍與觀點上嘗試能超出了這兩本書。林孝庭的《意外的國度》探討「中華民國在臺灣」究竟是如何形成的，而在此歷史過程中，美國所扮演的角色又是如何轉變。林孝庭指出，「中華民國在臺灣」的出現不是人為的因素或歷史的必然，而是一連串偶發事件與無心作為下的歷史巧合。汪浩同意此一觀點，也同意美國因素在兩岸問題上所扮演的關鍵角色。他的書名訂為「意外的國父」即表示與此書同調。他與林孝庭所說的「意外」一詞意指中華民國在臺灣的創建與臺灣化的發展不是由單方面主控，而至少是由臺灣的政治領導人物、臺灣民眾、中華人民共和國與美國等多種因素因緣際會、交相衝擊、彼此妥協而形成的，且其結果與歷史當事人的主觀構想有所出入。這樣的史觀絕非馬克思主義的「歷史決定論」，而比較傾向韋伯（Max Weber）的「多原因的歷史解釋」，也讓我想起蓋博堅（Kent Guy）教授在一本討論「四庫全書編纂計劃」（The Emperor's Four Treasuries: Scholars and the State in the Late Ch'ien-lung Era）的書中所說的一句話，此一過程乃「shaped by all but dominated by none」（由所有的因素所塑造，而非由單一因素所掌控），「意外」之意約略近此。

汪浩將林孝庭所說的「意外」，配合若林正丈的「中華民國臺灣化」的觀點，而又在時間跨度上延伸到從兩蔣到李登輝時代。若林正丈的《戰後臺灣政治史》一書以「中華民國的臺灣化」為主軸，來討論戰後臺灣政治史，並分為「中華民國臺灣化的啟動（1945-1987）」與「中華民國臺灣化的展開（1987-2008）」兩大部分來展開論述。若林以「遷佔者國家」（Settler State）的概念來解釋中華民國自一九四九年之後立足臺灣所形成的政權性質，同時分析「中華民國臺灣化」的歷史過程。本書有兩個主要的視角，一個是政治結構的變動，亦即蔣經國開始的臺灣民主化的過程對臺灣化的影響。作者強調此一結構變動使原來佔據支配地位的外省人在「政治—意識型態—文化」等各方面逐漸失去其結構性的優勢，而走向本土化。其次是他將臺灣放在三個性格相異的帝國邊緣（古代世界帝國的清帝國、近代殖民帝國的日本、二次大戰後「非正式的帝國」美國），以突顯臺灣歷史的「邊緣性」。書中特別提出「七二年體制」，即一九七二年中美《上海公報》與《臺灣關係法》所建構出的美國式和平體系，在「一個中國」、「一國兩制」的理念下規範了兩岸關係與臺灣的國際空間。若林教授在書中也對一九七二年以後影響臺灣政治發展的國際政治結構與臺灣國內政治發展的關係，特別是其中的矛盾關係有所剖析。

汪浩基本上同意若林的「中華民國臺灣化」，以及從國際關係的觀點（尤其是尼克森對中共的讓步，簽訂《上海公報》，犧牲了臺灣的利益）來討論臺灣問題。不過我認為他對「臺灣化」的討論更為強調此一過程不只是從蔣經國開始，而是源自第一個「意外的國父」蔣介石（亦即若林所說的「啟動」階段），尤其是在聯合國席次攻防戰中，蔣介石的「現實主義」的一面使其治臺理念從「反攻大陸」轉至「獨立自保」。汪浩根據《蔣介石日記》與國史館的檔案指出蔣介石願意接受「雙重代表權」、「一中一臺」，甚至有成立「中華臺灣共和國」之構想，而「啟動了中華民國臺灣化的歷史進程」。其後蔣介石又「授意」蔣經國繼續推動臺灣化。換言之，兩蔣比李登輝更早就提倡臺灣的主體性與臺灣利益之優先性（「臺獨」的另一種表述方式），只是他們強調臺獨只可由他們，而不可由其他人（如彭明敏等）來提倡。汪浩指出蔣反攻不成、臺獨計劃又失敗，都是因為受到美國的反對（主要是美國對中共的妥協而失敗），另一方面，中國在韓戰後不來解放臺灣，固然是因為要付出很大的代價，更重要的則是「不敢挑戰美國的霸權」。這樣一來蔣介石成為一個「表統裡獨」、「外統內獨」的「國父」。從國際角力而非只是臺灣內部來討論兩岸關係是本書一大特色，也是作者在書中屢有睿見的一個重要原因。

書中的五章即依照時序與五位政治人物來討論「意外」出現的三位國父，以及他們與「中華民國臺灣化」的關係。在這五章之中有許多新穎的論斷，我想留給讀者自己去挖掘。我覺得其中汪浩對毛澤東與蔣介石這兩位引領時代的人物之評論，最能顯示他所具有的獨特史觀。

相對於中國對於「偉大的毛主席」的推崇，本書所描寫的毛澤東是非常負面的，與臺灣統獨兩派的評價均相符合。汪浩指出毛的第一個特點是雙重標準，毫無原則，「怎麼對他方便他就怎麼講」。書中認為最早製造「兩個中國」的就是毛澤東。一九三二年中國共產黨為了對抗（消滅）中華民國而成立了「中華蘇維埃共和國」；一九三八年十月，毛澤東曾公開鼓勵「朝鮮、臺灣等被壓迫民族」爭取獨立。本書花了很多篇幅介紹這段史實，以及此一共和國與一九四九年成立之中華人民共和國的承接關係。臺灣讀者對於這段歷史多半不太瞭解，然此實際上對認識中共之本質頗為重要。最近中國官方強力主張修改過去的教科書，將對日抗戰由八年改為十四年（不顧學界之反對）。從臺灣看來，此一改變似乎無關緊要，因為國民政府從九一八之後即主張抗日（邊打邊談）。然而一九三二年之時中共還在搞分裂，欲推翻中華民國，我們很難說九一八之後中共已開始抗日。這樣看來十四年抗日說不符史實。汪浩除了詳細介紹中華蘇維埃共和國製造「兩個中國」之外，他也強調毛在取得政權之後，中華人民共和國所實行的憲法卻不再承認少數民族有脫離中國、自己成立獨立國家的權利。汪浩說這種做法「實在是一種嚴重倒退和理念的背叛」。這讓我想起笑蜀所編的《歷史的先聲——中國共產黨曾經的承諾》一書。此書摘選了一九四一年至一九四六年期間國民政府統治下，中國共產黨在報紙、雜誌、書刊上所發表的要求自由民主憲政的談話、文章和評論，而編者質疑中共忘記了先前的「莊嚴承諾」，後此書被禁，出版者遭懲處。汪浩也質疑毛主席忘記了先前「民族自決」的莊嚴承諾。其次，毛澤東發動一九五四年臺海危機，導致了美國與臺灣簽訂「共同防禦條約」。汪浩認為毛澤東此一「冒進」之舉「是造成『兩個中國』長期存在的根本原因」。再者，毛澤東發動一九五八年臺海危機的主要目的是挑戰赫魯雪夫「和平共處」政策以及赫在共產世界的領袖地位，臺灣只是他的一個借口。總之，在本書中，毛自私冒進、窮兵黷武、雙重標準，其缺點可謂罄竹難書。

汪浩對於蔣介石的評價則是比較正面的，具有同情的理解。這一點與臺灣獨派的觀點與中共官方批判蔣的想法（稱他為「蔣匪」）也不相同；再者汪浩肯定蔣的方式與臺灣的國民黨或統派也不完全一樣。臺灣的獨派一談到蔣介石就提到「二二八」、「白色恐怖」等深仇大恨，將國民黨視為「外來政權」，最近幾起破壞蔣公銅像之舉，可反映這類觀點。這一類型的觀點至少可以追溯到民進黨執政期間（二〇〇〇年至二〇〇八年）有關白色恐怖、威權體制、二二八事件、轉型正義、臺灣國際法地位等熱門議題的討論。汪浩的書中並不強調這一面。他十分肯定蔣介石對臺灣的貢獻。他的觀點大致配合最近中正紀念堂委託我所編輯的幾本書：《遷臺初期的蔣介石》（2011）、《重起爐灶：蔣介石與1950年代的臺灣》（2013）、《同舟共濟：蔣介石與1950年代的臺灣》（2014）。今年則將出版《蔣介石與1960年代的臺灣》一書。此外類似主題的書還有二〇一五年十月由國史館出版、呂芳上主編的《戰後初期的臺灣（1945-1960s）》。這些書的共同特點是探討自一九五〇至一九六〇年代，蔣介石在「保臺、反攻、聯美」等方面的諸多努力。

但另一方面，汪浩書中的蔣介石形象與國民黨及臺灣官方多年來所宣傳的「正氣凜然」、堅持「漢賊不兩立」的蔣公印象也不相同，而是強調蔣如何以「臺灣化」來「保臺」。我覺得其中一個原因是他在書中用了不少《蔣介石日記》，對於他的心境、想法有所認識。在書中蔣無疑地受到美國的箝制，是美國手下的一顆棋子，沒有太多自主發揮的空間，在大多數情況下只能採取「精神勝利法」以自我安慰；然而即使在這麼惡劣的國際環境之下，汪浩所形容的蔣仍是一位具有國際視野與靈活外交手腕，在外交攻防之中願意妥協、退讓的一位「現實主義」的領導人，因而成功地抵禦中共、守住臺灣。汪浩認為臺灣歷史學者不夠肯定他這方面的成就。不過他也指出蔣雖然靈活調整、妥協退讓，但他還是敵不過美國為追求國家利益而與中共妥協，致忘義失信，出賣了臺灣。

當然汪浩書中的蔣介石形象之中會引起爭議的是他所說「意外的國父」這一面，亦即他在有意無意之間開啟了「中華民國的臺灣化」，並由蔣經國與李登輝完成。這方面值得討論的有兩點。第一、蔣介石的確有一個從「反攻復國」到「獨立自保」的政策轉移，但對蔣氏父子來說，「保臺」、「反攻」、「聯美」三者不是可以截然分割的目標，而是交互影響，彼此增強。這樣一來此一政策轉變不是從黑到白，而是摻雜了許多灰色的部分。第二、蔣氏政治與文化反攻之中仍保持了參與中國未來的理想，與李登輝之後的「臺獨」主張有本質上的差異。一九五八年十月《聯合公報》之中，美國國務卿杜勒斯（John F. Dulles）因「金馬與臺澎防務有密切關聯」而做公開協防承諾協防金馬，同時警告中國不要再做出挑釁的動作；蔣介石則首次宣示「光復大陸主要武器為三民主義之實施，不憑藉武力為反攻復國之主要途徑」。此後蔣放棄了以武力為主的反攻方式，而改採政治與文化反攻（即使如此武力反攻並未消失）。一九六六年的「中國文化復興運動」與一九八一年蔣經國所提出的「三民主義統一中國」都是此一想法的延續。這個想法的背後無疑地首先必須「自保」，然而仍將臺灣的未來與中國聯繫在一起，並認為海峽兩岸的競爭與分途發展是一個文化與制度的比賽。在臺灣的中國人願意奉獻於此一理想。從蔣介石、蔣經國到馬英九同樣有一條「統」的線索，在此背景之下也才有「馬習會」的出現，盼望兩岸能建立更多的共識，共享史料、共寫史書、共創未來。這方面的歷史線索也不容忽略。

最後，我還想強調若林正丈對臺灣政治的一個重要觀察，臺灣的民主化與族群政治可以顯示臺灣人民政治文化認同的模糊、猶豫、游移與依情境而改變的特性。此一觀點與好友王明珂院士對於臺灣認同問題的看法也相互配合。在臺灣，統獨或「不統不獨」的選擇不只是出於情感歸屬，也涉及理性選擇與生存策略，這也是民主化、多元化的結果。有一次有位朋友（苗栗的客家人）告訴我如果中國宣布新臺幣與人民幣等值兌換，臺灣人民資產馬上增加約五倍，他可能會立刻支持祖國的「統一大業」。這雖然是玩笑話，但卻顯示認同會因為許多意外因素而改變。歷史的足跡有軌道可循，而歷史的複雜就在於多條線索交織糾結，歷史研究往往掛一漏萬，而未來永遠是開放的。

汪浩以抽絲剝繭的手法，層層剖析這段歷史的國際環境與前因後果，因而顛覆了許多以往的觀念。這本書中尚有許多豐富精彩的內容，我還是留給讀者自己去挖掘。如果說「我從哪裡來」、「我在做什麼」、「我往何處去」是人生哲學的三大問題，那麼汪浩的這本書在某種程度也能解答我心中的一些疑問。事實上這本書不只對我個人來說有意思，我覺得對所有關心一九四九年前後臺灣歷史、思索臺灣未來的本地讀者，乃至想要瞭解「臺灣人為什麼想搞臺獨」的海外讀者來說，都會發現本書讀起來趣味盎然。我誠摯地希望大家和我一樣對於這本另類臺灣史的作品會愛不釋手。

推薦序

三位「國父」的決斷

吳密察（國立故宮博物院院長）

相對於最近歷史學界多不使用檔案為史料，而著力於不太需要使用檔案的文化史、社會史、思想史之研究，國際關係領域的研究者反而密集地利用檔案史料進行研究，在國際關係研究的領域裡加入歷史的面相。最近的半年間，臺灣的出版界就推出了林孝庭《意外的國度》、汪浩《意外的國父》兩本討論戰後中華民國之國際關係史的著作。這兩部著作有不少類似之處：都大量使用中文史料，尤其是中華民國的檔案；都認為戰後決定中華民國之國際關係史的，與其說是事先已經深思熟慮的架構規劃或是策略，不如說是充滿了「意外」。

汪浩先生在他這部著作即將出版之際，囑咐我「從不同的角度」替他寫一點讀後感。我以下所寫的，只是我個人的一些不成熟的意見，如果能夠起到些許拋磚引玉的效果，就很感恩了。

《意外的國父》說的是蔣介石、蔣經國、李登輝三位戰後臺灣的領導人，都在「中華民國臺灣化」的進程中，「意外」地扮演了一定程度之「國父（創建者）」的角色。一九四九年，中華民國在蔣介石的領導下「轉進」臺灣，雖然仍自認是全中國的正統政府，而且高舉「反攻大陸」的旗幟，但實際上卻沒有能力如願，始終只能守住臺澎金馬，甚至在一九七〇年代也喪失了得以在國際上宣稱代表中國的國際地位。這種自認是全中國的正統政府但實際有效管治範圍只及於臺澎金馬的虛構性，由於本身又宣稱是「民主自由」國家而必然會因為「民主的擴大」而面對現實，即「臺灣化」。只是，這個臺灣化的進程是快、是慢，是迂迴曲折，還是直線前進，則可能會受到國際環境、決策者的思維所影響。也就是說。「中華民國臺灣化」是一個被架構性地決定了的發展方向。因此，我認為不宜過度強調「意外」。汪浩先生既然也承認一九四九年以後的中華民國歷史發展的基本走向是上述之「臺灣化」，應該是不會過度強調「意外」（至少在我上述意義下的「意外」）吧。而且說蔣介石、蔣經國、李登輝都是「中華民國臺灣化」，即形成一個以臺灣（臺澎金馬）為範圍的國家之「國父」，似乎也過度了。我毋寧會認為書名應該是在出版前夕的最後階段才加上的吧。

據我所知，汪浩先生本書的絕大部分內容是匯集原來登載於媒體的一系列專欄文章。各篇文章在當初多以一個即時的時事話題為引子，然後以檔案史料來重建該話題的來龍去脈（當然，未必見得有「去脈」，大都是回顧該話題的「來龍」）。由於汪浩先生高度倚賴政府檔案，所以能夠相對詳細地瞭解蔣介石、蔣經國、李登輝這三位「國父」在臺灣之國際地位面臨必須抉擇時的內部討論與決策過程。當然，這三個領導者當中，李登輝相關的檔案目前解密公開的還是相對地較少，所以汪先生的重點還是蔣介石、蔣經國這兩位領導人，而這兩位中華民國的領導人則各自面對了轉進臺灣、韓戰、臺美防禦條約、退出聯合國，以及中美斷交、《臺灣關係法》、實質外交等臺灣之國際地位的重大課題。我認為將蔣介石、蔣經國當成前述意義下的「國父」似乎也有過度詮釋之嫌。首先，政府在面對問題時的內部討論，當然會進行各種情勢分析，並提出各種面對問題的方案，但這些內部的方案卻不見得能夠直接據以說明政府的立場或決策。所以，汪先生即使從中華民國的政府檔案發現了蔣介石、蔣經國在面對問題時之內部討論或決策方案中，曾經有過往「國父」方向走的選項，卻也不能過度地評價。對於兩蔣當年的政策決定，只能說他們沒有選擇「往後退卻」，而是選擇面對問題。

如果我們承認一九四九年以後，蔣介石領導的退守臺灣之中華民國，在冷戰結構中已經站在西方陣營（這是林孝庭《意外的國度》一書的主題），那麼當年的蔣介石所能採取的政治、外交策略，便不再有三百六十度的全方位選項，用個比喻性的說法，他只有一百八十度的迴旋空間，即必須在西方陣營中謀求生存，並在形式上有一些「民主、自由」的作為。更具體地說，蔣介石的矛盾處境應該是面對那個既不得不依賴，卻又有各種要求的老大哥（美國）。於是，蔣介石一方面必須堅守「反共」立場（這應該是他真心的），另一方面也必須說一些「民主」（這或許是他不得不嘴上說說的）。在這樣的框架中，蔣介石採取的是：聲稱堅守民主自由陣營，實際上卻是實行反共獨裁體制。這就是蔣介石之中華民國（當時一稱「自由中國」）的矛盾。蔣介石為了維持其政權，即使在一九五〇年代就已經承認無能力，也與美國約定不主動「反攻大陸」，但是對於國內卻採愚民與壓制政策，封鎖對於「反攻無望論」的討論。

蔣介石的中華民國既然宣稱「自由民主」，在制度上又是一個已經有具體民主自由憲法的國家，那麼他也必然會有來自雖然同具反共立場卻也堅持民主自由理念的人士之挑戰。這種具有群眾基礎的第一次挑戰，就是雷震等人的「自由中國」集團及其組黨運動。更大的另一次挑戰，則是臺灣本地人彭明敏等人的《臺灣自救運動宣言》。這兩次挑戰都是訴求以更多的自由民主來反共，前者以充分落實《中華民國憲法》之民主、自由條款為訴求，具有法理上的說服力；後者則因為倡導者彭明敏等是臺灣本地人，更得以佔據民主立場的高地，因此對蔣介石來說更具「危險性」（汪先生用的標題「蔣介石為什麼怕彭明敏？」，很傳神！）。所以，我認為將蔣介石視為是「中華民國臺灣化」的「國父」，應該是過度評價了這位只是企圖利用反共口號為護符來維繫其獨裁政權的軍事強人。

至於蔣經國所推動的臺灣化政策，則如一般的理解，必須在世代交替與大約同時出現的世界規模之國際關係地殼變動當中來理解。一代軍事獨裁強人蔣介石，即使透過緊抓權力、修改制度而得以「死而後已」，但終究敵不過生理上的極限而於一九七五年過世，與他的最高權位同時建立起來的中華民國國民意法統也在此前後逐漸凋零，因此如何修補法統與進行世代接班也就必須列入中華民國的政治議程了。除此之外，大約在此時又有美國與中國之間的「關係正常化」，中華民國的國際地位在退出聯合國之後又再度受到重創。蔣經國所面對的處境可以說是「內外交迫」，比諸當年蔣介石的退出聯合國只有過之而無不及，而且鑒於數年前蔣介石基於「漢賊不兩立」憤而退出聯合國的慘痛教訓，蔣經國也不能不更加「實事求是」，改而採取追求實質外交的圖存策略，並在內部擴大民主化的力度從內政方面來補強其在國際上快速流失的統治合法性。雖然當年的口號「革新保臺」未必見得是蔣經國所發動，但的確很精確地傳達了當時「非革新則不足以保國民黨在臺灣之政權」的態勢。所以，作為一個現實主義的領導人，蔣經國為了保住他的國民黨政權也只有往臺灣化的方向走了。這種只有往民主化（同時也將會是臺灣化、在地化）的方向走，就表示它不是「意外」，而具有一定的方向性。

李登輝的上臺，當然是蔣經國之臺灣化政策的一種結果。李登輝的本地人身分，讓他自然具有相較於「外省人」之形勢上的優勢，可以站住有利的政治位置。李登輝如果是個沒有鮮明的自我意志的領導者，自可在既有的軌道上（即自蔣介石、蔣經國以來的臺灣化方向）緩慢穩步地向前走。但李登輝顯然不只是這樣，他一方面將臺灣之自由化、民主化制度走到底（廢除言論入罪、國會全面改選、實施總統直選），讓中華民國成為一個在言論上不再有箝制，而且實際上是「made in Taiwan」的國家；一方面終結動員戡亂時期，讓在臺灣的中華民國與在大陸的中國共產黨不再是處於「內戰」狀態。如果比較蔣介石、蔣經國與李登輝三人，顯然兩蔣是在內外交迫之下為了圖存（延續其在臺灣的統治）而不得不採取現實主義的策略，被動地走上臺灣化的道路上，而李登輝則是主動地想要創造出另一個新的兩岸架構。當然，李登輝之所以能夠有「新意」，不能只將它說成是緣於李登輝的個人因素。李登輝能夠在兩岸之間主動地提出新架構的最大憑藉是臺灣普遍的自由民意。這也就是李登輝訪美之際特意以《民之所欲，長在我心》這種具有民主意涵的演說題目，將臺灣的民主自由改革成就訴諸國際的原因。蔣介石主要用「反共」為理由爭取西方陣營的支持，李登輝則主要用「民主」為訴求爭取國際的支持，可以說正相對照。其實，戰後的七十年間，「反共」、「民主」兩個成對的口號一直都是臺灣領導人所強調的訴求，但是從蔣介石時代以來，「反共」逐漸在退潮，「民主」則不斷在上升（不但在領導者的口中或是心裡如此，臺灣這個社會、國家的實際也大致是如此）。

以上淺見是在應汪浩先生之命閱讀了他的大作之後所做的一點引申，不算是什麼大道理，只是一小塊用來引出很多寶玉的磚。而且，我認為汪浩先生在這本書中如果有一些如我所說的詮釋過度的話，可能還是因為他使用了大量的檔案史料，而且「太仔細」並「太相信」檔案的關係。如上所述，透過檔案我們得以瞭解決策者及政府內部決策過程中的各種考量，也可以看到各種後來終究未得曝光或「胎死腹中」的方案，這些決策過程中的史料雖然可能有助於吾人瞭解歷史，卻也可能讓我們過度評價了它們的重要性。不過，作為一個目前承乏國史館館務的人，我倒是很希望有更多像汪浩先生這種樂於利用國史館典藏之檔案來做研究的歷史愛好者，為歷史做出更多元的詮釋。

汪浩先生對於國史館於去年八月基於「回歸法治，充分開放」原則推出的閱覽新制，曾經有過批評，而且還將其意見形諸報端，也出席立法院的公聽會表達其看法。我想當初汪浩先生對於國史館的閱覽新制有一些誤解，也有一些疑慮。但是經過大約半年，我想汪浩先生應該可以認同：國史館已經用實際的作為和成績來證明，檔案的公開與利用不但沒有更閉鎖，反而是更開放了。而且，我也要很抱歉地跟汪浩先生說，本書第二章中所說「現在國史館還有大量蔣檔尚未公布」，絕非事實。

一九九〇年代初期，我曾經連續幾年應英國牛津大學中國研究所之邀，去做有關臺灣原住民史的講學，當時汪浩先生應該在牛津留學，但緣慳一面，二十餘年後在臺灣因為我承乏國史館館務，他則是經常造訪國史館利用檔案的常客，對於檔案的公開制度我們曾經有過不同的立場與意見，如今則可以如此做筆墨朋友，或許也算是一種「意外」的人生際遇，不過這或許也可以說是「必然」，因為我們都相信人間同士總是可以憑著善意與溝通，在什麼時候、以什麼樣的方式相互理解，甚至化解歧見的。

這樣的一篇序，希望可以勉強回應得了汪浩先生的要求。

自序

一九七二年二月二十八日《上海公報》發表時，我小學一年級，住上海外婆家。那天聽說尼克森總統車隊可能會駛過我家附近的靜安寺，外公就早早地讓我穿戴整齊，說要帶我去馬路上看看美國人長什麼樣。可我們剛走到弄堂口，就被居委會主任擋了回來，她說只有經過挑選的黨員才可以去指定的路口，假扮行人，迎送外賓，我們這種老百姓，最好還是回家待著，聽聽廣播。那時，蔣介石也注意到中共接待尼克森的場面冷淡，他在日記中寫道「觀察尼丑訪問匪區情形，毛賊未在機場親迎，其接待情形冷落」，「一片冷漠陰沉耳」。其實，中共根本不允許一般市民上街，尼克森沿途見到的民眾，都是經過挑選的黨員幹部，他們不可以歡呼，只能揮手微笑，那是中共安排好的，蔣介石不明就裡，以為市民對這次歷史性訪問，表現出一種冷漠姿態。

不久，居委會主任來訪，閒聊起尼克森訪問，她說了個笑話：季辛吉參觀北京故宮，看見一個國寶龍鳳戲珠玉杯，喜歡的不得了，就順手牽羊，把它塞進公事包，一路包不離手，從北京帶到杭州，又帶到上海，眼看就要帶上專機回美國了。怎麼辦？當面問他，怕傷了和氣，壞了剛建立的中美友誼；不問吧，過了這村就沒這店了，周恩來急得團團轉，後來，他靈機一動，想了個辦法。周恩來在上海請尼克森和季辛吉看雜技魔術表演，演出高潮迭起。快落幕前，有個魔術師在臺上向觀眾展示一個玉杯，音樂聲起，舞臺燈光變暗，那個玉杯不見了，魔術師走下臺來，在觀眾席間東找西找，忽然他眼睛一亮，走到季辛吉面前，指著他的公事包，說玉杯就在你包裡。季辛吉無奈，打開包，玉杯果然在裡面，魔術師捧回玉杯，全場掌聲雷動。居委會主任說那個國寶就是臺灣，被美國人偷走了，又被周總理騙回來了。

從此以後，我一直對中美爭奪臺灣的故事感興趣。一九九〇年代初，在英國牛津大學做博士論文，決定研究臺灣問題，當時我還沒認識來自臺灣的太太。幾年前將論文改寫出版，題目為《冷戰中的兩面派：英國的臺灣政策1949-1958》。後來，從事國際金融工作二十五年，也持續對中臺美關係有所留意。兩年前退休，跟著太太回臺灣定居，才有時間去國史館、中研院近史所檔案館、國民黨黨史館看些兩蔣檔案和臺灣外交部檔案，也在網上讀美國、英國政府外交檔案，和讀國史館二〇一五年出版的《蔣介石先生年譜長編》。不過，我一直認為，歷史研究是盲人摸象，誰也無法看到全貌。近代史研究，因為臺灣和中國檔案解密都做得很不充分，即便沒有意識型態的限制，大家也只能摸摸象腿，沒法摸到象鼻或象牙。

在《意外的國度：蔣介石、美國，與近代臺灣的形塑》中，林孝庭教授對臺美最新的解密檔案與蔣介石私人日記進行了廣泛的研究，突破傳統的框架，通過嚴謹梳理和論證，對近代臺灣史提出全新的解釋：「中華民國在臺灣」在非常偶然的情況下，不是經由蔣介石與美國謹慎的地緣戰略規劃，而是經過雙方臨時措施和不完美妥協所累積造成。我認為，有「意外的國度」就會有「意外的國父」，一九七二年後，在現代臺灣的形塑過程中，蔣介石、蔣經國、李登輝都不自覺地扮演了某種國父角色。現代臺灣沒有一個明確的誕生日，甚至沒有一個名符其實的國名，它是在亞太國際關係格局大調整的背景下，經由蔣介石、蔣經國、李登輝幾代領導人，以及臺灣人民、中華人民共和國、美國四方的角力和妥協而形塑的。

一九七〇年代，美國與中國經過反覆談判和妥協而達成的「上海公報體制」（若林正丈教授在《戰後臺灣政治史：中華民國臺灣化的歷程》一書中稱為「七二年體制」），其核心表述是「美國認識到，在臺灣海峽兩邊的所有中國人都認為只有一個中國，臺灣是中國的一部分，美國政府對這一立場不提出異議。它重申它對由中國人自己和平解決臺灣問題的關心」。美中《建交公報》和《八一七公報》是對前一句的補充和確認，而《臺灣關係法》和「對臺六項保證」是對後一句的補充和發揮。從臺灣的角度看，「上海公報體制」不僅否認了中華民國政府是代表中國的唯一合法政府，也否定了中華民國的主權獨立和國際法人格；它只承認臺灣是一個高度自治的實體，對臺灣國際關係和國際法地位設置了框限，是套在臺灣人民頭上的緊箍咒。

為了應對和反抗「上海公報體制」，蔣介石、蔣經國、李登輝自上而下地推動「中華民國臺灣化」（借用若林正丈教授的說法）。對內，他們通過政治民主化和本土化增強統治的合法性；對外，他們在堅持「中華民國主權獨立」的基礎上，追求臺灣的「獨立自保」。可是，在「上海公報體制」框限下，四十多年來，「中華民國臺灣化」對內雖然成就巨大，對外卻無法突破，不被國際社會普遍接受。不過，這種對內合法性至少促使國際社會逐漸默認臺灣人民對臺灣地位改變有否決權，但還沒有完全決定權。

前陣子，我給「風傳媒」寫了幾十篇讀書筆記，這些筆記並不是嚴格意義上的學術論文，它們只是我個人的讀檔心得，純粹為了拋磚引玉，以文會友。經過對這些筆記的整理修改，我才認清一個從蔣介石到蔡英文，前後貫穿的歷史因果關係和脈絡。一九七二年以來，臺灣領導人和臺灣人民，通過「中華民國臺灣化」來反抗「上海公報體制」，才是臺灣現代史的主軸。本書得以出版，應該感謝許多朋友，政大歷史系鄭巧君博士生、中研院近史所黃克武前所長、近史所張淑雅老師、近史所趙席夐博士生、「風傳媒」主筆夏珍、黨史館王文隆主任、國史館的工作人員、「八旗文化」的富察總編緝和許奕辰編緝，等等。當然，我最感謝的還是太太蔡珠兒。此外，黃克武前所長、國史館吳密察館長，願於百忙之中寫推薦序，不勝榮幸。至於本書的謬誤，只能文責自負了。

【補記】本書編排結稿前，國史館吳密察館長送來推薦序，在此對他序中提的兩點意見做簡單回答：

一、書名「意外的國父」不僅有「accidental」（偶然的）意思，也有「unintended」（非故意，不自覺的）意思，黃克武教授說是「種瓜得豆」。兩蔣（特別是蔣介石）可能沒有要建臺灣國的意圖，但其行為卻有建國的實際效果，所以說他們是「意外的國父」。

二、對於國史館檔案的進一步解密，一年來史學界持續關心。二〇一七年五月中，國史館把蔣介石檔案二十六萬件全部上網公開，確實是臺灣歷史學界值得慶祝的大事。但因為本書結稿的關係，我還來不及研究新公開的檔案。另外，依《檔案法》三十年解密規定，國史館還將公開蔣經國、陳誠、嚴家淦、李登輝副總統檔案，十分期待。

第一章
毛澤東製造「兩個中國」

引言

二〇一六年九月二十六日，中華民國前總統馬英九在東吳大學演講「臺灣的國際法定位」，詳盡說明歷史後，馬英九特別問一位彭姓陸生，一九四九年十月一日，毛澤東宣布中華人民共和國中央人民政府成立，毛成立的是新國家還是新政府？彭生回答是「新政府」，不是「新國家」。馬英九追問，「那為何要改名？不改名行嗎？」彭生說，不改名應該是不行，因為在他們國家意識型態中，畢竟性質不同，因為前面是資本主義，後面是社會主義，因此國名要改。馬英九再追問，「若說你改姓之後，人家還會認為你是彭家人嗎？」面對馬英九的不斷追問，彭生有點招架不住，不斷強調：「還是中國，可是是不同的代表。」馬英九接著說：「聽說其實毛澤東很後悔改名。」彭生妙答道：「有的時候可能臺灣聽說的會更多。」不過，二〇一七年三月二日，馬英九接受「美國之音」採訪時說，中華民國一九一二年就已經獨立，臺灣的法統源於《中華民國憲法》，一個中國是包括大陸和臺灣在內的中華民國。

可見，馬英九其實也搞不清中華人民共和國是新國家，還是新政府。如果像馬英九那樣地堅持「一個中國是包括大陸和臺灣在內的中華民國」，那麼，邏輯上就要否認中華人民共和國是個主權獨立國家。相對於中華人民共和國的主權獨立而言，中華民國到底是「一個中國」中早已被消滅的舊政府，還是「兩個中國」之一的主權獨立國家呢？

1. 中華人民共和國是新國家嗎？

一九三一年十一月七日，中國共產黨為了對抗中華民國成立了一個新國家，國號是「中華蘇維埃共和國」。「中華蘇維埃共和國」是在蘇聯支援下所建立的獨立國家，它最初的首都在江西瑞金，主張各省市各民族有獨立自決權。當時，「中華蘇維埃共和國」的國土有十六萬平方公里，相當於今天臺灣的四倍。中華蘇維埃第一次全國代表大會於一九三一年十一月七日至十一月二十日舉行，通過了《中華蘇維埃共和國憲法大綱》、土地法令、勞動法等法律，大會選舉毛澤東擔任中央執行委員會主席。同年十二月一日，毛澤東宣布：「從現在起，中國疆域內有不同的兩國，一個是中華民國，是帝國主義的工具，另一是中華蘇維埃共和國，是剝削與壓迫下廣大工農兵的國家。」由此可見，「兩個中國」是毛澤東首先提出的論調，他主張中華民國和中華蘇維埃共和國，是兩個不同的國家。

《中華蘇維埃共和國憲法大綱》共十七條，承認中國境內少數民族的民族自決權，承認各弱小民族有同中國脫離、自己成立獨立國家的權利。蒙古、回、藏、苗、黎、高麗人等，凡是居住在中國地域的，他們有完全自決權，可以加入或脫離中華蘇維埃聯邦，或建立自己的自治區域。中華蘇維埃共和國行政區劃設特區、省、直轄縣和中華蘇維埃共和國西北聯邦，即「格勒得沙共和國」和「博巴人民共和國」，這是中共在藏區成立的兩個藏人蘇維埃共和國。然而，中華人民共和國現行憲法卻不再承認少數民族有同中國脫離、自己成立獨立國家的權利，這實在是一種嚴重倒退和理念的背叛。

「中華蘇維埃共和國」在外交上不承認列強在中國政治上、經濟上的一切特權，宣布外國與「中華民國」訂立的一切條約皆無效，否認中華民國的一切內外債務和義務。「中華蘇維埃共和國」不承認「中華民國」的貨幣，因此有獨立的貨幣，不使用孫中山頭像，而將列寧印在貨幣上。一九三二年二月一日，「中華蘇維埃共和國國家銀行」成立，毛澤東自任行長。從一九三一年十一月到一九三四年初，「中華蘇維埃共和國」共進行過三次選舉，用直接選舉的辦法產生蘇維埃代表。中華人民共和國現在的全國人大代表都是經過四級間接選舉產生，實際上是由中共領導人自上而下指定。

「中華蘇維埃共和國」的誕生，是蘇聯直接控制與指揮的結果。蘇聯不顧自己與「中華民國」的正式外交關係，派代表至中華蘇維埃共和國的首都瑞金，幫助工作和指導作戰，實際上承認「兩個中國」。「中華民國」一直視「中華蘇維埃共和國」為分裂國家的叛亂政權，予以清剿，直到「西安事變」之後，國民政府才取消了對中共軍事力量的清剿命令。

由於「中華民國」的圍剿，「中華蘇維埃共和國」從江西瑞金遷至陝西延安，改國號為「中華蘇維埃人民共和國」（一九三五年十二月二十五日至一九三六年九月十七日），並啟用了正式的國旗和國徽。一九三六年九月，它又改國號為「中華蘇維埃民主共和國」，中共拿自己的國號當兒戲，很愛改國號，卻堅決反對「中華民國」在臺灣改國號。一九三七年七月盧溝橋事變之後，國共兩黨和談，決定成立抗日統一戰線。同年九月二十二日，「中華蘇維埃民主共和國」正式宣布取消，改為「中華民國」境內一個特別行政區，即「中華民國陝甘寧邊區」，也就是在「中華民國」境內實行「一國兩制」。

一九四五年日本投降以後，國共矛盾開始激化。一九四五年八月，為避免內戰，蔣介石三次電邀毛澤東前往重慶商討重組政府及改制部隊。八月二十八日，根據蘇聯領導人史達林的明確指令，毛澤東與周恩來飛至重慶，代表中共與國民政府展開和談。談判期間，中共堅持「陝甘寧邊區」擁有獨立主權，但同意交出分布在湖北、浙江、河南一帶共十三個根據地，由國民政府接收，中共還提出了「新民主主義」的構想，淡化兩黨的意識型態對立。蔣介石則堅持，除抗戰爆發前即為中共所佔有的「陝甘寧邊區」保持不變外，其他地區一律收回，並要求將中共軍隊納入由國民政府領導下的國軍統一指揮，實現軍隊國家化。中共拒絕把軍隊交給國民政府，只表示會對軍隊減員，並要求在建立真正民主的政府後才交出軍隊。

不過，國共雙方還是於一九四五年十月十日簽署了《政府與中共代表會談紀要》，即《雙十協定》：

- 承認和平建國的基本方針，同意以對話方式解決一切爭端。
- 長期合作，以和平、民主和團結為基礎，堅決避免內戰，建設獨立、自由和富強的新中國，徹底實行三民主義。
- 迅速結束訓政，實施憲政。
- 迅速召開政治協商會議，對國民大會及其他問題進行商討後再做決定，制定新憲法。
- 中國共產黨承認國民政府對中國的合法領導地位。

《雙十協定》是一個意向書，國共商討和平民主建設新中國，把具體問題留給政治協

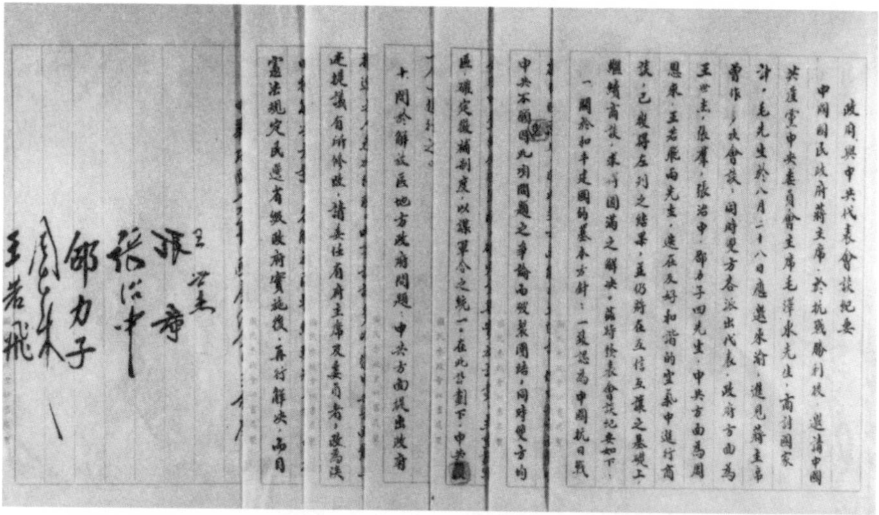

政府與中共代表會談紀要

中國國民政府蔣主席，於抗戰勝利後，邀請中國共產黨中央委員會主席毛澤東先生，商討國家大計。毛先生於八月二十八日應邀來渝，進見蔣主席，曾作多次會談，國府雙方各派出代表，政府方面為王世杰、張群、張治中、邵力子四先生，中共方面為周恩來、王若飛兩先生，進在友好和諧的空氣中進行商談，已獲得左列之結果，並仍將在互信互讓之基礎上，繼續商談，求得圓滿之解決，茲特發表會談紀要如下：

一、關於和平建國的基本方針：一致認為中國抗日戰

……

中共不願因此問題之爭論而破裂團結，同時雙方均

區，確定復員制度，以謀軍令之統一。在此計劃下，中共

十、關於解放區地方政府問題：中共方面提出政府

述提議有所修改，請委任國府主席及委員者，改為決

憲法規定民選省級政府實施後，再行解決，而目

王世杰
張群
張治中
邵力子
周恩來
王若飛

1945 年 10 月 10 日，國共雙方簽署《政府與中共代表會談紀要》，即《雙十協定》

商會議解決。重慶談判是以國民政府與中共對等的方式進行的，後來政治協商會議時，國共兩黨以黨派對等方式進行。可是，重慶談判結束後不久，國共內戰即全面爆發。

一九四九年初，中共在遼西會戰、徐蚌會戰、平津會戰中大獲全勝，一月二十一日，總統蔣介石宣布下野，由副總統李宗仁代理。李宗仁代理總統後，設法與中共談判停戰。三月二十五日，李宗仁派張治中等為和談代表。當時，因中共拒不承認一九四七年《中華民國憲法》及依該憲法成立的中華民國政府的合法性，南京方面遂以國民政府名義展開和談。四月一日，國

1949 年 10 月 1 日，毛澤東在天安門上宣布中華人民共和國成立

民政府代表團由南京飛抵北平。四月七日，李宗仁建議「隔長江而分治」。四月十五日，和談第二次正式會議，周恩來將修正後《國內和平協定（最後修正案）》，限張治中等四月二十日簽字，並表示不論戰爭或和平，屆時解放軍一定渡過長江。四月十九日，中華民國政府表示對和平協定未能全部同意，解放軍渡江難以接受。四月二十日，蔣介石任總裁的中國國民黨中常會發表聲明，斥責中共《國內和平協定（最後修正案）》歪曲事實。四月二十一日，毛澤東發布《向全國進軍的命令》，解放軍隨即發起渡江戰役。

一九四九年十月一日，中華人民共和國成立。「中華人民共和國」是「中華蘇維埃共和國」的延續，它並不繼承自「中華民國」，它是新國家，而不是新政府。「中華人民共和國」成立後，宣稱繼承「中華民國」所有國際法上的權利，卻拒不承認「中華民國」任何國際法上的義務和債務，也就是毛澤東主張的「另起爐灶」，可是，世界上哪有這樣的好事呢？所以，「中華人民共和國」與「中華民國」從來是兩個獨立存在的國家，而不是「一個中國」中互相繼承的政府。

一九四九年十月二日，蘇聯率先承認了中華人民共和國，一九四九年十二月中至一九五〇年二月中，毛澤東去莫斯科同史達林進行了兩個月的談判。毛要求蘇聯廢除一九四五年與中華民國簽定的《中蘇友好同盟條約》，轉而與中華人民共和國簽定新條約，史達林卻認為既然中華人民共和國是新政府，應該繼承舊政府的條約義務，不須簽定新條約，雙方爭執不下，最後還是因為美國宣布對臺灣「袖手旁觀」，史達林擔心毛澤東轉而投靠美國才讓步。

一九五〇年二月十四日，中華人民共和國承認蒙古人民共和國獨立，放棄大片領土，換取蘇聯在同一天與它簽署《中蘇友好同盟互助條約》。中華人民共和國成立後，對內毛澤東宣稱是共產黨創建的無產階級專政新國家；對外，毛澤東要求繼承中華民國所有國際法上的權利，卻又拒不承認中華民國任何國際法上的義務，所以，毛澤東認為中華人民共和國既是新國家，也是新政府，哪個對他方便他就講哪個，反正，他以為中華民國很快會被徹底消滅。

毛澤東對於臺灣地位的看法，也是怎麼對他方便他就怎麼講。一九三六年七月十六日，美國記者斯諾（Edgar Snow）到延安訪問「中華蘇維埃人民共和國」主席毛澤東。斯諾問：「中國人民是否要從日本帝國主義者手中收復所有失地？」毛回答：「不僅要保衛長城以南的主權，也要收復我國全部的失地，這就是說滿洲必須收復。但我們並不把中國以前的殖民地朝鮮包括在內。當我們收回中國的失地，達成獨立以後，如果朝鮮人民希望掙脫日本帝國主義者的枷鎖，我們將熱烈支援他們爭取獨立的戰鬥。這一點同樣適用於臺灣。」

一九三八年十月，毛澤東公開鼓勵「朝鮮、臺灣等被壓迫民族」爭取獨立，他呼籲「中、日兩大民族的人民大眾及朝鮮、臺灣等被壓迫民族……共同努力，建立共同的反侵略統一戰線」。那時，毛澤東認為臺灣人民是被壓迫民族，不同於「中華民族」，應該獨立。一九四七年臺灣爆發「二二八事件」，毛澤東在延安發表廣播講話：「我們中國共產黨所領導的武裝部隊，完全支援臺灣人民反對蔣介石和國民黨的鬥爭。我們贊成臺灣獨立，我們贊成臺灣自己成立一個自己所要求的國家。」毛澤東當時支持臺灣獨立的主張，他認為臺灣人是另一個民族，這點與「中華蘇維埃共和國」《憲法大綱》精神一致。可見，為了打倒國民黨，毛澤東和中共曾經主張中華民國主權和領土完整是可以分裂的，臺灣可以獨立，臺灣人民有民族自決權。習近平現在說「中國的主權和領土完整從未分裂」，才是不顧「歷史事實」的「數典忘祖」。

2. 毛澤東為什麼沒攻打臺灣？

一九四九年十月一日，中華人民共和國成立，毛澤東站上天安門，霸氣十足、權力無邊。毛澤東認為中共在中國勝利後，就要向全世界推動革命，因此在一九五〇和一九六〇年代，中華人民共和國所執行的是一種革命的外交政策，這個政策是延續中共在國共內戰時期的反美政策，它在朝鮮半島、中南半島、西藏和臺灣海峽的行動，都是推行這種革命外交的結果。

一九四九年三月，中共首次公開聲明「一定會解放臺灣」，改變了它支持臺灣獨立的長期主張。七月二十五日，毛澤東正式請求蘇聯領導人史達林幫助解放軍攻打臺灣，要求蘇聯給他二百八十架飛機和訓練一千名飛行員。可是，史達林對毛極不信任，猜疑毛澤東會是另一個南斯拉夫狄托（Josip B. Tito），因此對此軍事援助的要求並不真正熱心，反而要求毛澤東擔負起指導亞洲革命的任務，利用毛的影響力在朝鮮、越南和馬來亞等國家鼓勵革命，對此毛澤東欣然從命。為了討好史達林，毛澤東在一九四九年八月公開宣告反美親蘇的「一面倒」政策，表示中國將採納與蘇聯相同的社會主義發展模式，同時也堅決加入蘇聯陣營，不向狄托學習。在還沒有獲得蘇聯的援助下，毛仍決意主動攻擊，一九四九年十月二十四日深夜，解放軍乘坐漁船進攻金門，結果遭國軍反擊，全部九千個解放軍慘遭殲滅，臺灣稱為「古寧頭大捷」。事後毛澤東總結教訓，認為要攻打臺灣就絕不能缺少海軍和空軍優勢，他決定用一年時間，組織海空軍和五十萬渡海大軍，預計於一九五〇年秋天攻佔臺灣。一九四九年十二月中，毛澤東匆匆趕到莫斯科向史達林表態效忠和親自請求援助。

在外交政策上，毛澤東宣告，中華人民共和國不繼承中華民國的外交關係，它會「另起爐灶」。新中國將「打掃乾淨房子，再邀請賓客」，中國在和英美建立外交關係之前，將先掃除帝國主義影響。事實上，毛澤東想推遲與英美建立外交關係。一九四九年十二月十六日，毛澤東一見史達林就說，「有些國家，尤其是英國，非常急欲承認中華人民共和國。可是我們不急於受人承認」，因為「我們需要時間解決國內的秩序、鞏固我們的地位，然後我們才能談判外交關係的問題」。一九五〇年一月十七日，毛澤東又告訴蘇聯第一副總理莫洛托夫（Vyacheslav Molotov）：「我們會推遲美國承認的時間。」因為美國愈晚在中國取得合法權利，對中華人民共和國愈有好處。直到一九五八年六月十六日，毛澤東還說「我們不應該和美國政府發展關係。我們應該關上門，靠自己建設社會主義」。毛澤東對聯合國會籍也持同樣態度，事實上，他反對太早進入聯合國。由以上看來，問題的根源不在臺灣，而是毛澤東刻意敵視美國、推行親蘇反美政策。只要中國企圖把美國勢力趕出東亞，美國人對毛的態度似乎必定日益嚴苛。毛澤東在國內不斷搞「運動」和「大躍進」，靠的就是外在危機刺激才能使國內的運動轟轟烈烈，就算沒有出現外在敵人，他也得設法製造出個敵人。

一九四九年中至一九五〇年中，美國內部對中國政策發生激烈辯論。由於中國內戰發展快速，美國政府採取「等候塵埃落定」政策，靜觀其變。一九四九年八月，美國國務院發表《中美關係白皮書》，國務卿艾奇遜（Dean G. Acheson）公開宣稱美國對中國局勢將「袖手旁觀」。杜魯門政府深怕受國民黨牽連，陷入它和中共之間的內戰，因此決心放棄蔣介石這個盟友。稍早的一九四九年四月解放軍攻佔南京後，美國大使司徒雷登（John L. Stuart）堅持留在南京，與中共代表黃華秘密接觸了幾個月，商談美國承認中華人民共和國事宜，後被艾奇遜提前召回。在司徒雷登被迫離開中國時，毛澤東發表《別了，司徒雷登》，說司徒雷登是「美國侵略政策徹底失敗的象徵」，極盡諷刺。一九四八年末，美國駐瀋陽領事沃德（Angus Ward）和他的工作人員被人民解放軍軟禁，中共指控美國領事館為間諜總部。一九四九年十一月二十四日，中國說沃德和他的工作人員煽動騷亂，審判後下令驅逐。一九五〇年二月，中華人民共和國趕走了所有美國領事。雖然美國不斷被中共激怒，但杜魯門政府表現出極大的克制，因為它仍然在尋找機會與中華人民共和國建立正常的關係。

毛澤東於一九四九年十二月十六日抵達莫斯科，目的是與蘇聯結成正式軍事同盟。當毛澤東正式提起同盟時，史達林表示蘇聯與中華民國在一九四五年簽訂的《中蘇友好同盟條約》就夠了，史達林聲稱蘇聯的立場是避免給予「美國和英國法律理由提出修訂（雅爾達協議）的問題」。會後，史達林把毛澤東冷落在一邊，好幾個星期不見他。

蘇聯對毛澤東冷漠以對，美國卻在此時伸手救援毛澤東。杜魯門總統於一九四九年十二月三十日簽署「國家安全會議四十八之二號檔」，其結論是：「福爾摩沙的戰略重要性不值得公然的軍事行動。」一九五〇年一月五日，杜魯門發表《關於臺灣問題的聲明》，重申美國尊重中國領土完整，要求所有國家避免在中國領土內獲得勢力範圍或建立外力控制的政權，或謀求特權，並稱上述原則「在目前局勢下對臺灣特別適用」。他重申《開羅宣言》、《波茨坦公告》關於臺

1949 年 12 月，史達林 71 歲生日慶祝活動上，與毛澤東合照

灣歸還中國的聲明，並說美國尊重中華民國對該島行政管理已經四年，美國對臺將採取「三無二不」政策：一、美國對臺灣並無掠奪性的意圖；二、美國目前無意在臺灣獲取特權或建立基地；三、美國亦無意使用武裝力量干預現在局勢；四、美國政府將不對在臺灣的國軍提供軍事援助或軍事上的意見，這是美國明確表示不干涉臺灣問題。艾奇遜又進一步試圖引誘毛澤東，一九五〇年一月十二日，艾奇遜發表演講，提出全新的亞洲政策，說蔣介石現在是「率領殘部守在中國外海小島的難民」。關於臺灣的法律地位問題，艾奇遜認為，「中國人已經行政管理福爾摩沙四年，美國或其他任何盟國都不曾質疑這項權威及這項佔領」。艾奇遜以國家利益、而非意識型態為基礎，鋪陳美中新關係的前景：「我們必須採取我們一向的立場，任何人侵犯中國領土的完整，就是中國的敵人，它的行為違反美國本身利益。」

在莫斯科的史達林透過間諜網，很快取得美國「國家安全會議四十八之二號檔」，他讀了杜魯門的聲明和艾奇遜的演講後，派莫洛托夫去見毛澤東，警告他要提防艾奇遜「誹謗」；同時，史達林改變先前對毛冷淡的態度，邀請周恩來於一九五〇年一月二十日趕到莫斯科，談判同盟條約的細節。經過一番周折，史達林和毛澤東於二月十四日簽訂《中蘇友好同盟互助條約》。儘管美國已對中華人民共和國釋出善意，毛澤東仍堅持「一面倒」，利用美國遞出的橄欖枝，得到他所要、而史達林力圖避免的東西。

在韓戰爆發之前，杜魯門政府仍然希望與中華人民共和國建立正常外交關係。一九五〇年一月十日，英國承認中國才沒幾天，蘇聯駐聯合國大使馬利克（Yakov Malik）就提議將中華民國趕出聯合國。表面上，美國繼續承認中華民國，支持它在聯合國的代表權，但美國不肯在安全理事會行使否決權，以封殺中華人民共和國的代表權，美國宣稱尊重聯合國多數表決結果。可是，一九五〇年年初，中國升級反美行動，於一月十四日接管美國在北京的軍事營區財產，並驅逐所有美國公民離開中國。不過，就在韓戰爆發的前一天，艾奇遜還公開告訴一位記者，美國「不插手臺灣」。當時，美國軍方估計解放軍會在七月底渡海攻臺，所以美國駐臺領事館已在準備撤僑。

一九五〇年初，朝共領導人金日成試圖說服史達林和毛澤東兩人默許他入侵南韓，說他二十八天內能佔領全部南韓。毛澤東訪問莫斯科期間，史達林問起他對金日成南侵的意見，毛澤東分析，美國介入的風險極高，他認為征服南韓的任何計劃都應該等到中國征服臺灣之後再實施。史達林同意他的觀點，因此駁回了金日成的要求。當時史達林和毛澤東都認為，美國不會干涉中國內戰，而國軍很容易被統戰，所以中共應該先軍事征服臺灣，徹底消滅中華民國。毛澤東從莫斯科回到北京後，在福建浙江集結大軍，準備渡海大規模進攻臺灣。

可是，一九五〇年四月，史達林突然改變主意，同意金日成在中國成功佔領臺灣之前就先入侵南韓。史達林告訴金日成說：「現在中國已經和蘇聯簽訂同盟條約，美國人會更遲疑在亞洲挑戰共產黨人。根據來自美國的情報，的確是如此。目前的氣氛是不介入。」很顯然，史達林改變主意有一部分原因是他透過間諜網，取得美國國家安全會議許多檔案，美國國安會這些文件明白將臺灣和韓國劃在美國防衛周邊之外。史達林於是認為金日成攻打韓國，美國不會干涉，因為這一地區和美國核心利益無關。不過，史達林要金日成立刻到北京爭取毛澤東的贊同，一九五〇年五月十三日，金日成見了毛澤東，向他轉述史達林同意他先南侵，並要求毛澤東支持。毛澤東大吃一驚，命令周恩來拍電報到莫斯科，要求史達林本人「親自澄清」。史達林回電說請毛決定，把責任推回給毛澤東。

毛澤東接到史達林回電後一夜未眠，第二天告訴金日成，我原來想先解放臺灣，等我把臺灣解放了，再幫你打南朝鮮。現在既然史達林同志同意了，你要打你就先打吧，等你打完後我再打臺灣。其實，毛澤東比史達林更擔心美國終究會派兵進入韓國，把戰爭延伸到中國，但毛澤東試圖向多疑的史達林證明他是亞洲共產主義的領導人，他不願在國際主義上示弱、被責怪壓抑鄰國革命的完成，因此，毛澤東無法堅持先征服臺灣、再允許金日成入侵南韓，他只能祝福金日成，還派解放軍中的朝鮮族軍人加入朝鮮人民軍。毛澤東盤算只有贏得史達林信任，才可以獲得蘇聯的軍事援助攻打臺灣。不論毛的動機如何，這是代價慘重的誤判，由於韓戰，毛澤東永遠失去征服臺灣的機會。如果毛澤東堅持他原先的判斷，先佔領臺灣，他不會與美國兵戎相見，因此，也就不會有拖延至今的中華民國。可以說，毛澤東同意金日成先入侵南韓，自己製造出「兩個中國」。會見金日成後，毛澤東下令解放軍加緊進攻臺灣的準備，一九五〇年六月二十三日，福建攻臺前線司令粟裕向毛提交了秋天進攻臺灣的方案，但沒想到史達林批准金日成提前到六月二十五日進攻南韓。

一九五〇年六月二十五日，韓戰爆發當晚，杜魯門召開緊急會議，討論韓國局勢。艾奇遜建議總統下令派海軍和空軍干涉，並將第七艦隊駛向臺灣海峽以防止中共從大陸進攻臺灣，也阻止國民黨從臺灣進攻大陸。他還說，臺灣地位應由聯合國決定。艾奇遜的意見得到了杜魯門及軍方支持。杜魯門補充了一句話：臺灣地位也可能由對日和約決定。韓戰導致美國東亞政策的轉折，六月二十七日，杜魯門發表聲明，提出所謂「臺海中立化政策」和「臺灣地位未定論」，修改了他自己同年一月五日發表的關於尊重中華民國對臺灣行政管理的聲明。七月三日，毛澤東放棄攻打臺灣的計劃，將粟裕調到東北去支援金日成。

中國和美國因為錯誤解讀對方的戰略目標而強化彼此猜疑，美國沒有料到北朝鮮會南侵，中國沒料到美國會如此強烈反應，每一方因本身的行動增強對方的誤解。一九五〇年八月下旬，毛澤東經過長久思考，決定先發制人地介入韓戰，推遲攻打臺灣。毛澤東的戰略是防禦尚未出現的危險，他把原本準備進攻臺灣的部隊調到朝鮮半島。對他來講，這是發動軍事突襲的機會，也是證明他是國際共運領導人的機會。毛澤東熱衷於將社會主義的政治訴求，直接延伸為對外戰略思想，延伸為軍事部署，延伸為戰爭。另一方面，蘇聯也希望中國能介入韓戰，一九五〇年十月一日，史達林要求中國出兵，他保證，美國若是針對北京介入而攻打中國，蘇聯會提供軍事援助。這兩人都在利用彼此的需要和不安全感，毛澤東成功取得蘇聯的軍事供應，將解放軍現代化，史達林則把中華人民共和國推向與美國交戰，故意不參加聯合國安理會投票而讓美國組織聯合國軍介入韓戰。史達林對毛澤東，存在深刻的不信任，他希望中國與美國處於一種敵對狀態，以此牽制中國。

一九五〇年十月，中國出兵朝鮮半島以後，印度、英國等聯合國成員國就開始醞釀停火談判，英國主要與美國磋商，而印度則重點與中國聯繫。一九五一年一月十三日，由於聯合國部隊在朝鮮半島戰場失利，英、美兩國都支持一項聯合國停火決議案，其內容為立即停火、再展開談判；外國部隊分階段撤出朝鮮半島、邀請中華人民共和國參加聯合國對臺灣問題及中國代表權的討論，與之前周恩來提出的要求幾乎完全符合。事實上這是美國對中華人民共和國的重大讓步，出賣臺灣以換取韓戰停火，可是毛澤東想要實現全面軍事勝利，拒絕上述停火建議，因而錯失中美全面和談的機會。一月十七日，周恩來致電聯合國，明確表示不同意「先停戰後談判」原則，因為這「只是為美國軍隊取得喘息時間」。中國拒絕聯合國議案的真正原因是毛澤東得意忘形，以為可以徹底把美軍趕出朝鮮半島。於是，杜魯門政府改變戰術，反過來力促聯合國決議中華人民共和國為「侵略者」。中美關係的僵局完全是毛澤東搞出來的，唯有毛澤東才能解開它。

一九五三年七月二十七日，韓戰停火協議簽字，交戰雙方基本上沿著戰前的北緯三十八度線畫界停火。就美國而言，它不讓北朝鮮侵略者得逞，也維護了美國保衛盟國的信譽，但是代價不菲。就中國而言，毛澤東藉由展現力抗美國的意志，替中國在共產主義運動中贏得領導地位，他也成功地運用這場戰爭從蘇聯贏得援助，建立了海軍和空軍，但卻錯失了渡海的機會。中華民國意外地被韓戰救了，韓戰提供蔣介石在臺灣立足的機會，整個一九五〇和一九六〇年代，在美國第七艦隊的保護下，蔣介石增強對臺灣的控制，同時取得美國的軍事援助，重整軍力。毛澤東在無心之下的錯誤外交路線和政策導致了「兩個中國」的長期共存。

3. 毛澤東為什麼發動一九五四年臺海危機？

一九五四年九月三日下午五時許，中國人民解放軍集結數百門重砲，突然毫無預警地向金門發射數千枚炮彈，造成當地軍民重大傷亡，還炸死兩位美軍顧問。九月五日上午，經臺美協商後，金門守軍奉令還擊，中華民國海空軍也對廈門進行報復性轟炸，就這樣，毛澤東挑起了一九五四年臺海危機。

從一九四九年至一九七六年的二十七年間，中華人民共和國在毛澤東領導下執行革命的外交政策，其戰略目標是在全球實現共產主義。毛澤東發動一波又一波的群眾運動，定期地、刻意地製造外部危機，以配合他在國內的意識型態運動。毛澤東認為自己肩負特殊使命，要不斷地製造大亂，直到中國人民從動亂中淨化、改造，重新站起來。毛澤東企圖通過支持亞洲共產革命，來增進中國的國家安全，並與蘇聯爭奪國際共產主義運動領導地位。發動臺海危機，是毛澤東顯示實力的一種方式，但若碰到美國堅定反擊時，他就會做戰術撤退。

韓戰期間，美國艾森豪政府為了對抗中蘇聯盟的威脅，在中國周邊的亞洲國家建立軍事同盟。從一九五一至一九五三年，美國陸續與日本、菲律賓、澳大利亞、紐西蘭和南韓

1954 年 9 月 9 日，蔣介石會見美國國務卿杜勒斯（國史館）

1955 年 3 月 3 日，蔣介石會見美國國務卿杜勒斯（國史館）

簽訂共同防禦條約，並發起「東南亞公約組織會議」（Southeast Asia Treaty Organization, SEATO）來對付東南亞的共產黨威脅，當時美國組織的西太平洋防線，臺灣是唯一的缺口。一九五四年四月，中華民國向美國提出加入「東南亞公約組織會議」，但美國國務院相當躊躇，知道英國會反對。中華民國轉而向美國提出簽訂共同防禦條約，美國國務卿杜勒斯為了保持與中共關係的靈活性，也不肯談判該防禦條約。因此，當美英法蘇中於一九五四年夏在瑞士日內瓦討論越南問題時，臺灣就這樣被列強擱在一邊了。

韓戰休戰才一年多、日內瓦越南和平協議才達成兩個月，一九五四年九月，毛澤東就發動第一次臺海危機，作為他不斷革命的一環，以測試美國對亞洲多邊防衛的承諾，和阻止美國與臺灣簽訂共同防禦條約。從毛澤東的角度來看，即使只是防禦性條約，也會威脅到他解放臺灣的目標。毛澤東察覺到美國不讓臺灣加入「東南亞公約組織會議」，他估算美國對簽訂美臺條約也非常猶豫，所以他企圖乘機攻佔所有外島，以減弱國軍從外島騷擾大陸的能力和準備攻打臺灣。但是，在美國出面援助金馬守軍後，毛澤東被迫退卻，放棄攻佔外島。事後，他卻向蘇共總書記赫魯雪夫吹牛，說他運用對金馬的威脅，來保持臺灣不和大陸脫離關係而獨立。毛澤東利用這次危機逼美國與他直接談判，實質上脅迫美國改變只承認中華民國的政策，對於這一點，毛達到了他的目的。可是，毛澤東的武力威脅也導致了適得其反的效果：迫使美國與臺灣簽訂了「共同防禦條約」，加速美國實行「兩個中國」政策。

一九五四年五月到八月間，解放軍和國軍在浙江沿海頻頻發生小型軍事衝突。八月初，中共突然發動全國性「解放臺灣」宣傳攻勢，八月十一日，周恩來總理揚言要「解放臺灣」；八月二十二日，中國人民政治協商會議發表《解放臺灣共同宣言》；九月三日，解放軍對金門進行大規模砲擊。九月二十五日，蔣介石根據情報分析「匪炮攻擊我軍之目的，其作用與企圖乃先以疲勞消耗之長期手段，以達到其最後突襲與侵陷臺灣之目的也」。

面對毛澤東的軍事威脅，「東南亞公約組織會議」於九月六日在菲律賓馬尼拉正式召開時，英國、法國、菲律賓等國都發言表示反對中華民國加入公約組織，杜勒斯只能放棄將臺澎納入公約適用範圍。九月九日，杜勒斯於回美途中在臺北稍作停留，與蔣介石會談。蔣要求立即締結「共同防禦條約」，並主動表示，沒有美國的同意，他不會反攻大陸。杜勒斯表示確定該條約適用範圍很困難，但他願意討論。他又公開警告毛澤東「今日中華民國地位已不孤立，美國艦隊正奉命協防臺灣」。九月十二日，在美國國家安全會議上，中情局報告，中國確有奪取外島的意圖。為了遏阻中國誤判美國的決心，杜勒斯提議一方面與英國討論在聯合國安理會提出臺灣海峽停火案；另一方面，開始與中華民國談判

「共同防禦條約」，艾森豪總統同意了。九月十七日，杜勒斯與英國外相艾登（Robert A. Eden）在倫敦會談，決定通過紐西蘭提出這個停火案，即實施「神諭行動」（Operation Oracle）。

一九五四年十月十二日，美國助理國務卿羅伯遜（Walter S. Robertson）突然密訪臺灣，告訴蔣介石，美國支持紐西蘭在聯合國提出臺灣海峽停火案，而美國也願意與臺灣討論防禦條約細節。蔣介石認為紐西蘭停火案對中華民國有百害而無一利，但臺美如能先簽訂防禦條約，他可以不公開反對紐案。蔣再三表示，未得美國同意他絕不會發動大規模軍事行動反攻大陸，他又要求美國對外島防禦提供支援。十月二十八日，在美國國家安全會議上，不顧軍方的反對，艾森豪採納了杜勒斯提議，決定與臺灣談判條約。十一月二日，臺美開始在華府會談條約細節，臺方主張條約適用範圍應包括臺澎金馬在內，美國則堅持只包括臺灣島及澎湖，美國不願為保衛外島而戰，但也不願看到中共以武力攻取外島；臺方再三保證，除有限的自衛外，國軍對中國大陸採取軍事行動必先取得美國同意。雙方對大原則很快達成協議，但對文字細節談判甚久。一九五四年十月二十一日，杜勒斯告訴英國外相艾登，美臺「共同防禦條約」會把臺灣和大陸分開來，隨著時間進展，會使雙方可以接受「兩個中國」，而且兩者都可能成為聯合國成員。但因為美國決定先訂美臺條約，英國就決定擱置「神諭行動」。

十一月初，解放軍開始轟炸大陳島、一江山島和馬祖，用以「試探美國對我外圍島嶼協防之態度」。面對毛澤東的威脅，美國被迫加速與臺灣談判防禦條約。一九五四年十二月二日，杜勒斯和外交部長葉公超在華府簽署談判已久的《中華民國與美利堅合眾國間共同防禦條約》，這個條約的適用範圍僅指臺灣及澎湖諸島，對遭受中國攻擊的外島，美國的承諾含含糊糊，美國只肯表示，在極端狀況下，美軍協防的範圍延伸到「可能由雙方共同同意所決定的其他地區」。該條約給予中華民國迫切需要的軍事和外交支持，但它也限制了蔣介石的反攻行動。杜勒斯在簽約前一天召開記者會，宣示該條約的意義如下：

1向各國宣示：明白表示中華民國在國際外交的地位，並明白表示臺澎絕沒有置於任何國際解決討價還價的檯面下。因為沒有條約根據，會使若干人士誤認為美國可能會以臺澎交換中共的讓步，此項條約顯示美國將不在任何國際密議中用臺灣做買賣。

2向中共宣示：驅散中共對美國協防臺灣的認真保證所存的可能懷疑；除中共外，亦有許多國際人士心存懷疑，如此宣示將明確消弭之。

3向中華民國宣示：調整兩政府間的軍事安排。原本第七艦隊的安排是根據與韓戰有關的總統命令。這項命令日後可能隨時撤銷，但防禦條約可使共同軍事安排安置於長期正式的條約基礎上。

毛澤東氣極敗壞地堅決反對這一條約，一九五四年十二月八日，周恩來發表聲明說，臺灣是中華人民共和國領土，「解放臺灣」是中國的主權和內政，絕不允許他國干涉；美臺「共同防禦條約」是非法的、無效的，是一個出賣中國領土和主權的條約，美國應對此承擔一切後果。周指責美臺條約是一個「侵略性」的戰爭條約而非防禦性的，不僅造成遠東地區新的緊張局勢，而且「違背了聯合國憲章」。此後，毛澤東決定加強對外島攻勢，一九五五年一月十日，解放軍炮轟大陳島，一月十八日，解放軍攻佔一江山島，一月二十四日，周恩來提出：「美國必須停止對中國內政的干涉，美國的一切武裝力量必須從臺灣海峽撤走。」

美國政府受到毛澤東炮轟大陳島的壓力，準備以美國保障金馬來交換國軍撤出大陳島。一九五五年一月十九日，解放軍攻佔一江山島的第二天，杜勒斯向艾森豪提議，要求國會授權總統可以動用美軍保衛外島以換取蔣介石同意撤出大陳島，但要取得國會這項授權，必須向國會承諾會在聯合國提案由外交方式解決臺海爭端。艾森豪同意了，要杜勒斯就本案向臺灣、英國及國會領袖諮商。

一月二十一日上午，杜勒斯與英國大使麥金斯（Roger Makins）會談，麥金斯表示，如果美國只提防衛臺灣，而不公開哪些外島也是美國協防對象，英國「或許願意進行聯合國的行動計劃」，即重提紐西蘭的臺海停火案「神諭行動」。中午，杜勒斯與艾森豪商量「應該私底下向中國國民黨及中國共產黨講清楚」對某些外島的承諾。艾森豪遂決定向蔣介石私下承諾要協防金門和馬祖，交換國軍撤出大陳島。事實上，杜勒斯於一月二十一日下午告訴葉公超「現在已經決定，美國將預備協防馬祖及金門。可是目前不會就此事有公開聲明」。當時，蔣介石再三要求美國公開聲明，但杜勒斯因為要贏得英國支持「神諭行動」，只同意給蔣介石私下承諾。

1954年12月2日，臺美「共同防禦條約」在華盛頓簽字，外交部長葉公超與美國國務卿杜勒斯握手致意

一九五五年一月二十四日，艾森豪向美國國會提出「特別諮文」，要求國會授權總統於其認為必要時「得使用美國武裝部隊專事確保臺灣與澎湖列島」。一月二十八日，國會通過「臺灣決議案」（Formosa Resolution of 1955），授權總統動用美軍防衛臺灣、澎湖及臺灣海峽「相關陣地及領域」。一月三十日，蔣介石同意從大陳島撤退，但要求美國同時公開聲明協防金馬，因為英國的關係，艾森豪只能給私底下的承諾，臺美再三交涉後蔣介石不得不妥協。二月五日，艾森豪下令美軍第七艦隊協助撤退大陳島守軍及居民三萬多人。美國第七艦隊開始作業之前，杜勒斯請蘇聯說服毛澤東在國軍撤出大陳時，不要追殺，美國也通過蘇聯向中國表達了協防金馬的決心。毛澤東同意不追殺大陳撤軍，但他卻對金門和馬祖加強炮火攻擊。

與此同時，在美國和英國支持下，紐西蘭於一月二十八日向聯合國安理會重提決議案，呼籲臺灣海峽停火。一月三十一日，安理會邀請中華人民共和國出席討論紐西蘭的提案。二月三日，根據毛澤東的指示，周恩來正式拒絕安理會的邀請。儘管杜勒斯施壓，英國依舊不肯採取進一步行動。不過，杜勒斯認為，只要外島問題被列在聯合國議程上，中共就不太可能進攻。總之，「神諭行動」雖然失敗，艾森豪卻已經得到國會授權動用美軍保衛臺澎及「相關陣地及領域」，作為交換條件，國軍撤出了大陳島。「神諭行動」是一九四九年以後，英國與美國最後一次合作把臺灣問題提到聯合國，企圖透過聯合國干預兩岸關係，把臺灣和大陸永久分離。但是，毛澤東拒絕合作，不肯通過聯合國來解決臺灣問題。

一九五五年二月九日，美國參議院正式批准美臺「共同防禦條約」。三月三日，杜勒斯再次訪臺，蔣介石對他強調「死守金馬絕不停戰」。三月十五日，杜勒斯宣布中國若再發動任何重大攻勢，美國預備端出戰術核子武器。次日，艾森豪又警告，他看不出美國有任何理由「不能像用槍彈或其他武器」那樣使用戰術核子武器，這是美國首次對中國公開進行核子威脅。毛澤東現在領教到美國對保衛臺灣極為認真，他開始擔心中美直接爆發戰爭，以及中國在亞洲國家當中的外交孤立。於是，他命令正在印尼萬隆出席亞非不結盟國家會議的周恩來撤退。一九五五年四月二十五日，周恩來公開呼籲與美國直接談判：「中國政府願意坐下來，與美國政府談判，討論遠東鬆弛緊張的問題，尤其是臺灣地區鬆弛緊張的問題。」美國政府立刻響應，一週後，中國停止在臺灣海峽的炮戰。美中大使級談判遂於一九五五年八月在日內瓦展開，後來改到華沙繼續進行。大使級談判中，美國堅持中華人民共和國承諾放棄使用武力對付臺灣，作為簽訂任何協定的條件。艾森豪政府並不挑戰中國共產黨對大陸的統治，但它想說服中共接受「兩個中國」，給東亞帶來和平與穩定。

同時，通過美臺「共同防禦條約」的限制，美國阻止中華民國反攻大陸，國軍因而錯失三個反攻重大時機，即一九五八年的大躍進、一九六二年的中印邊境衝突、一九六六年的文化大革命。

事實上，艾森豪私底下認為美國不應為外島與中國作戰，四月二十四日，在周恩來呼籲中美直接談判的前一天，艾森豪派助理國務卿羅伯遜到臺北勸說蔣介石從金門、馬祖撤退，交換條件是美國會以核子武器保護臺灣，他還邀請蔣介石訪問美國與艾森豪會面，但蔣介石拒絕這一提議。四月二十七日，蔣在日記中說，美匪直接談判，「此乃我國最困難之境地，情勢甚為嚴重……關鍵全在金馬二島，如我堅定不撼，不為任何情勢以及全世界重壓與遺棄」而屹立不動，可度過難關。毛澤東自動停火後，美國不再秘密要求蔣介石撤出金馬，既然已成功遏阻中國的攻擊，他們寧可保持現狀。同時，美國繼續研究動用核武器以抵抗中國全面進犯外島的計劃。與表面上的「刻意模糊」相反，美國不久正式向蔣介石保證防衛金馬，如果中國再發起攻擊，美國會不惜一戰。

毛澤東發動一九五四年臺海危機導致了美國與臺灣簽訂「共同防禦條約」，該條約基本精神反共，不僅在軍事上協防中華民國，而且在政治上防止共產主義滲透臺灣。該條約維持二十四年，成功地阻止了中國進攻臺灣，確立臺海兩岸長期分裂分治局面迄今。可見，毛澤東的冒進行動是造成「兩個中國」長期存在的根本原因。而美國參議院外交委員會在批准該條約時，特別聲明條約並不影響或改變其適用地域的法律地位，說明條約並未對臺澎的主權歸屬做最後的處分。

4. 毛澤東為什麼發動一九五八年臺海危機？

一九五八年八月二十三日至十月二十五日之間，毛澤東發動第二次臺海危機。八月二十三日，中國人民解放軍對駐守金門和馬祖的中華民國國軍發動榴彈炮突擊，在四十四天內向金門射擊砲彈近五十萬發，並企圖封鎖海運線，圍困金門。在砲戰初期，國軍猝不及防，傷亡慘重，但隨著戰事持續，逐漸恢復戰力，雙方多次戰鬥，互有勝負。九月二十二日，美國所支援的八吋大口徑巨炮運抵金門，國軍反擊力量大增。美國還緊急運送AIM-9響尾蛇飛彈給中華民國空軍，擊退中國空軍的進攻，導致解放軍封鎖金門的企圖失敗。十月初，解放軍宣布放棄封鎖，改為「單日砲擊，雙日不砲擊」，逐漸減少攻勢。中華人民共和國維持「單打雙停」，直到一九七九年一月一日，與美國建交後，才結束對金門和馬祖的砲擊。

事實上，一九五五年夏至一九五八年夏，中國不斷對臺澎金馬宣示主權，但臺灣絕不放棄對外島的軍事防衛。美國透過美臺「共同防禦條約」承諾保衛臺澎，美國總統還得到國會授權可以動用美軍防衛臺灣海峽「相關陣地及領域」。同時，一九五四年臺海危機之後，中美大使級會談於一九五五年八月開始，到一九五七年底暫停，因為美方將其代表調職，並建議以較低層級的代表繼續會談，中方予以拒絕。雖然美國在一九五八年七月中已經提名新大使，但中國仍不同意復會。美國企圖透過大使級會談說服中國放棄對臺灣使用武力，但始終沒有成功。中國堅持，除非美軍同意撤出臺澎金馬，否則不願討論其他項目。一九五七年十一月十五日，周恩來聲稱，如果美軍沒有撤出臺灣，而中華人民共和國放棄使用武力，就是承認美國在臺灣的地位。一九七二年，尼克森同意撤走美軍，可是，周恩來還是不答應放棄使用武力。

一九五六年二月，蘇共總書記赫魯雪夫在蘇聯共產黨第二十次代表大會上發表秘密演說，痛批前總書記史達林。毛澤東認為赫魯雪夫批判史達林的行徑是「修正主義」。為了恢復蘇中團結，赫魯雪夫於一九五七年十一月在莫斯科召集社會主義國家開會，毛澤東親自赴會；這是他一輩子第二次出國，也是最後一次出國。赫魯雪夫在會議中號召社會主義集團和資本主義世界「和平共處」。毛澤東卻大唱反調，號召社會主義集團武裝起來與

1958年8月19日，蔣介石、蔣經國視察馬祖（國史館）

1958 年 8 月 20 日，蔣介石、蔣經國視察金門（國史館）

帝國主義鬥爭。毛澤東宣稱現在「東風」已經壓倒「西風」，他宣布中國外交的目標是消滅西方帝國主義。到一九五八年秋天，中國和蘇聯為意識型態頻頻爭吵，毛澤東給赫魯雪夫出個難題：因為蘇中還是正式的同盟國，赫魯雪夫必須支持一個無關蘇聯戰略利益的路線；可是毛的路線會導致核子戰爭，卻是赫氏所不能接受的。

毛澤東要與赫魯雪夫爭奪共產世界的意識型態領導權，其戰略目標是向全球輸出中國式革命。毛澤東還刻意製造外部危機，以配合他在國內的意識型態運動。一九五八年夏天，毛澤東發動「大躍進」，宣布中國式共產主義道路是獨特的、優於蘇聯的。他甚至宣布中國經濟可在三年內超越英國、七年內趕上美國。毛澤東把外交政策視為國內政策的延伸，他也在一九五八年夏天強調「革命外交」。一九五八年八月，毛澤東認為美國陰謀搞「兩個中國」，因此決定解放金馬。在展開炮擊之前三週，毛澤東誘使赫魯雪夫到北京訪問，利用赫的訪問給外界製造一個印象，即赫魯雪夫支援他的新戰事。事實上，在中蘇會談時，毛澤東暗中在沿海地區動員解放軍部隊，根本沒向赫魯雪夫吐露他要解放外島的意向。危機過後，赫魯雪夫曾對毛澤東抱怨「如果你開火，你就要奪下這些島嶼；如果你認為不必要奪佔這些島嶼，那就用不著開火。我實在不瞭解你這個政策！」

毛澤東發動一九五八年臺海危機的主要目的是挑戰赫魯雪夫「和平共處」政策以及赫

在共產世界的領袖地位，臺灣只是他的一個藉口。一九五八年四月，赫魯雪夫提議與美國總統艾森豪進行蘇美高峰會議，毛澤東對此非常不高興，他覺得自己才是共產世界領袖，應該由他與艾森豪開會。毛澤東似乎認為，如果他把臺灣海峽推向核子戰爭邊緣，赫魯雪夫必須在「和平共處」政策和蘇中同盟關係之間做選擇，他可以因此破壞蘇美親善。在某種意義上，毛澤東成功了，中國對金馬展開炮擊後，蘇聯被迫為中國向美國發出核子威脅「如果美國要介入衝突，蘇聯將視攻擊中華人民共和國如同攻擊蘇聯」，使蘇聯和美國的關係緊繃。但毛澤東拒絕赫魯雪夫派「一個師的飛機」來中國幫忙，說「我們自己會解決問題」。中國對金馬的行動事先對蘇聯沒有任何交代，打亂了蘇聯對美外交，最終激怒赫魯雪夫，引發蘇中關係破裂，這是後來蘇聯取消對中國核援助的一個重要原因。

一九五八年七月中旬，中東形勢緊張，中華人民共和國以「聲援中東人民的反侵略鬥爭」為由，開始大量向福建沿海集中兵力，準備攻打金馬。一九五八年八月六日，中華民國國防部宣布「臺灣海峽局勢緊張，臺澎金馬地區進入緊急備戰狀態」。八月十八日至二十日，蔣介石巡視金馬前線，他當時判斷，毛澤東的目的「仍以戰爭脅制美國退出臺灣海峽，清算中華民國，使其不僅進入聯合國，而且成為五大國之一的春夢，故其計劃仍以局部戰爭，掠取金門、馬祖為主旨，但亦不恤引起大戰，冒犯臺灣之準備，而其關鍵全在我金門戰鬥之勝負，為唯一樞機耳」。

八月二十三日，解放軍突然對金門進攻，砲擊一日數萬發。八月二十三日至九月十八日，解放軍持續火力封鎖金門海運線，國軍則針對解放軍砲兵陣地展開反擊。蔣介石立即要求美國「一，確保臺灣海峽之安全，使臺、澎對外島之海運得以暢通。二，穩定金門馬祖局勢，阻止敵人瘋狂侵略行動」。美國國務卿杜勒斯因此公開警告中國，若中國圖謀奪取金門、馬祖，美將視為威脅和平。八月二十四日，美國舉行國家安全會議，軍方認為如果有需要，美軍可介入協助國軍防守金門和馬祖，防止解放軍海上封鎖。軍方要求「為了有效防禦這些島嶼，將要動用核子武器」，艾森豪非常猶豫，但他批准第七艦隊協助補給金馬，突破解放軍封鎖，並與國軍舉行一連串聯合演習。

九月四日，杜勒斯發表《新港聲明》，宣稱「中共進攻金、馬，即為進攻臺、澎的前奏」。艾森豪同時決定，如果危機升高，要對中國動用核子武器。面對美國的核子威脅，中國撤退，一九五八年九月六日，周恩來宣布北京的目標是恢復中美大使級會談，白宮立刻表示，美國駐華沙大使已經準備好恢復會談。赫魯雪夫這時卻寫信給艾森豪做核子威脅，艾森豪回答絕不在中國武力恫嚇下後退。九月十五日，在華沙舉行的中美大使級會談上，中國代表王炳南提出「直接威脅廈門、福州兩海口的，為國民黨軍隊所佔據的金門、馬祖等沿海島嶼，必須收復。如果國民黨軍隊願意主動地從這些島嶼撤走，中華人民共和國政府將不予追擊」。美國大使強調「美國對具有主權之盟友負有義務，今盟友領土遭受攻擊，美絕不能接受任何涉及讓棄盟友領土之解決方案」。美國當時主張中華民國是主權獨立國家，它的領土是臺澎金馬。中美雙方連續會談四次，毫無交集。

九月中旬，美軍支援國軍十二門八吋炮到位後，國軍取得火力上的優勢，其影響所及，使中國在砲戰上轉為劣勢，無法再以砲戰封鎖金門。中國因此開始改變策略，九月中，周恩來讓香港新聞界要人曹聚仁向蔣經國傳達中共希望國共和談的五項條件。九月三十日，蔣介石對此「甚嘆共匪對中美離間之技倆奇妙而毒辣，寒心極矣」。同日，杜勒斯在記者會上表示，若臺灣海峽能獲致靠得住的停火，美國將贊成國軍由外島撤退一部分。十月一日，艾森豪公開表示中華民國將眾多部隊布防在金門不是好辦法，但國軍不能在敵軍壓境的狀況下撤退。同日，蔣介石公開反對減少外島駐軍，他說中華民國並無接受美國建議的義務，國軍仍要堅決死守金馬。十月二日，蔣介石又召見美國大使，指責美國政府近日之言論實對金馬國軍打擊重大，這是蔣介石對周恩來和艾森豪的回應。十月初，臺海危機進入打打停停、半打半停的外交政治為主、軍事手段為輔的新階段。毛澤東考慮到政治上已有收穫，因此接連宣布「停火一週」、「停火兩週」。

一九五八年十月二十一日，杜勒斯突然來臺灣與蔣介石磋商，他原本還想逼迫國軍自金馬撤離，沒想到中國卻在十月二十日恢復對金門炮擊，使杜勒斯騎虎難下。蔣介石當面要求杜勒斯「予我以原子重炮，毀滅其炮兵陣地」。兩人交談三日，杜勒斯與蔣介石各讓一步，在臺北發表歷史性的《聯合公報》。在公報中，杜勒斯因「金馬與臺澎防務有密切關聯」而做公開協防承諾，同時警告中國不要再做出挑釁的動作；蔣介石則首次宣示「光復大陸主要武器為三民主義之實施，不憑藉武力為反攻復國之主要途徑」，實際上放棄武力反攻國策。

杜勒斯的外交策略是讓臺灣、中國雙方在外島降低軍事力量，他認為只要美國立場堅定，中國會改變看法。果然，《聯合公報》發表後的第三天，中國突然宣布對金門的狂轟濫炸將改為「單打、雙停」。一九五八年的臺海危機，從赫魯雪夫訪問北京開始，到杜勒斯訪問臺北結束，因為中華民國的堅定固守，迫使美國積極支援，導致中國「計窮力竭，破綻敗露，自動停火」。事實上，毛澤東在衡量局勢之後，不敢挑戰美國協防金馬的承諾，他對外宣稱，擔心杜勒斯逼蔣介石放棄外島，切斷臺灣和大陸的牽連，私底下，王炳南大使再三要求美國逼迫蔣介石撤退金馬。王炳南的提議與毛澤東的說法自相矛盾。對毛來說，藉由觸發危機、再停止危機，既達成逼迫美國恢復大使級會談的目標，又挑戰了赫魯雪夫的領導地位。此後，中華民國與中華人民共和國長期隔海分治，蔣介石雖在口頭上還不放棄「反攻大陸」，其實內心非常清楚這只是一句口號而已，而毛澤東發動兩次臺海危機卻不敢真正攻打金馬才是「兩個中國」長期存在的根本原因。

小結

一九四九年十月一日，中華人民共和國成立，這是一個新國家的誕生。中華人民共和國起源於一九三一年成立的「中華蘇維埃共和國」，它是毛澤東在蘇聯支持下，為分裂「中華民國」而搞的另一個中國。中華人民共和國成立後，對內，毛澤東宣稱是無產階級專政新國家；對外，毛澤東要求繼承中華民國所有國際法上的權利，卻拒不承認中華民國任何國際法上的義務和債務，所以，毛澤東認為中華人民共和國既是新國家，也是新政府，哪個對他方便他就講哪個。

一九五〇年代初，中華人民共和國執行反美親蘇「一面倒」的外交路線，這個毛澤東在事後承認錯誤的外交路線導致了「兩個中國」長期共存。韓戰爆發之前，杜魯門政府向毛澤東發出種種訊息，表示美國願意放棄中華民國這個盟友。如果毛澤東在一九五〇年夏天向莫斯科和平壤的共產黨夥伴堅持要先征服臺灣，臺灣可能早就像海南島一樣成為中華人民共和國另一個省分，中華民國也早就被消滅了。一九五一年一月，毛澤東又拒絕以韓戰停火換取美軍撤出臺灣海峽，所以，毛澤東自己錯失攻佔臺灣的機會，製造了兩個不同的中國。

韓戰結束六十五年後，中國領導人似乎開始認識到，毛澤東犧牲了三十萬軍人「抗美援朝」，不僅「毫無必要」，甚至「弊大於利」。一篇未經證實的習近平內部講話說「抗美援朝」「將中國不僅置於美國的對立面，而且還置於聯合國的對立面，那時的新中國，幾乎在跟整個世界對抗。對抗就必然遭到封鎖、禁運，而且時間竟然長達數十年之久。對一個有著五六億人口、近千萬平方公里國土的大國，這是一種極其罕見的外交境地。朝鮮戰爭和越南戰爭，讓中國白白損耗了二千億美元的社會財富，就是這兩場戰爭，讓中國成為真正的一窮二白！更嚴重的是，這兩場戰爭，惡化了中國周邊的態勢」。

中華人民共和國領導人自一九四九年十月以來，就不斷公開聲明「一定會解放臺灣」，也就是武力攻佔臺灣。韓戰於一九五三年七月停火後，中國的軍事目標又轉向臺灣。一九五四年九月，毛澤東在臺灣海峽引發重大的戰爭危機，卻得到了適得其反的效果。

十二月，臺美簽署「共同防禦條約」。一九五五年三月，美國首次對中國公開進行核子威脅後，毛澤東才認識到美國對保衛臺灣極為認真，於是，周恩來公開呼籲與美國直接談判。此後，「和平統一」與「武力解放」才成為中國對臺政策的一體兩面。一九五五年五月三十一日，周恩來被迫代表中國表示：「中國人民解放臺灣有兩種可能的方式，即戰爭的方式和和平的方式，中國人民願意在可能的條件下，爭取用和平的方式解放臺灣。」可是，整個一九五〇和一九六〇年代，毛澤東不斷錯誤決策，推動革命外交和國際共產主義，把中華人民共和國與中華民國關係凍結在敵對狀態二十多年。六十多年過去了，以武力「解放臺灣」，仍是中國的既定國策。不過，中國為什麼還沒有解放臺灣呢？中國不敢武力解放臺灣的關鍵是中國不敢武力挑戰美國的霸權，解放軍的海軍和空軍自成立以來，從來沒有正式地打過立體實戰，有的只是演習的經驗，相對的，自二戰以來，美軍海空立體實戰經驗不斷，解放軍的海空軍要打贏美軍恐怕很難。發動臺海危機，是中國顯示實力的一種方式，但若碰到美國堅定反擊時，中國就會藉口「和平共處」做戰術上的撤退。

一九五〇年代，毛澤東發動的兩次臺海危機迫使美國加強了與中華民國的軍事同盟。臺美「共同防禦條約」維持二十四年，成功地阻止了中國進攻臺灣，固化了海峽兩岸一邊一國的長期並存。在「共同防禦條約」中，美國實際所承認的中華民國領土只涉及臺澎，對遭受中華人民共和國攻擊的外島，美國的承諾含含糊糊，美國也不承認大陸是中華民國領土的一部分。如同杜勒斯所說，「共同防禦條約」把臺灣和大陸分開來，隨著時間進展，會使雙方可以接受「兩個中國」。美臺軍事同盟讓「中華民國在臺灣」，獲得了堅實的安全與外交基礎，也讓中華民國僅侷限於臺灣一隅的格局，逐步永久化與固定化，最終導致「中華民國臺灣化」。而在此歷史過程中，蔣介石不自覺地發揮了領導作用。

第二章
蔣介石接受「雙重代表權」

引言

二〇一七年四月五日是蔣介石逝世紀念日，國民黨政策會執行長蔡正元提出，國民黨公職回應「二二八事件」的標準答案是，「蔣介石不是殺人兇手，是保衛臺灣的老兵、捍衛中華民族的戰士」，任何違背標準答案的人都不夠資格擔任國民黨公職，「黨中央的立場明確、堅定、不容挑戰！」蔣介石的歷史定位是歷史學者們的工作，當時國史館還有大量蔣檔尚未公布（二〇一七年五月中，國史館才將二十六萬種蔣介石檔案解密，並在網上公開），要對蔣做公正的、完整的研究還有困難，蔡正元不知道根據什麼代表國民黨給蔣介石的歷史定位提供標準答案，實在很可笑。不過，在「中華民國臺灣化」的歷史過程中，蔣介石堅決抵抗中華人民共和國武力侵臺，的確是個保衛臺灣的老兵。中華民國被迫退出聯合國前後，蔣介石思想上對臺灣的前途和國家定位發生了很大轉變，但蔡正元和大多數臺灣民眾卻並不知道。

1945 年 12 月 22 日，馬歇爾與蔣介石、宋美齡合影。

1.「二二八事件」後，蔣介石同意中美「共管臺灣」嗎？

一九四七年「二二八事件」發生後不久，基於臺灣法律地位尚未經對日和約確定，美國向蔣介石提議，通過設立經濟特區，美國與中華民國共同管理臺灣幾年，而蔣介石竟然口頭上同意了。

一九四七年三月三日，美國駐臺總領事布雷克（Ralph. J. Blake）和副領事葛超智（George H. Kerr）就已經向美國駐中華民國大使司徒雷登提出：「經過深思熟慮，領事館認為唯一切實可行的解決辦法是美國本身或美國代表聯合國立即干預，以防止迫在眉睫的國軍部隊草菅人命的災難性屠殺。美國在臺灣的聲望高，臺灣人殷切期望美國能在南京代表他們說話和在本島直接干預。臺灣人相信聯合國對這裡干涉正當，因為目前日本在法律上還擁有臺灣主權。」他們讓蔣介石放心，「由聯合國組織及中國代表參與的臨時政府，將會在臺灣重新回歸一個負責任的、臺灣人有很大份額的中國當局時終止。臺灣人認為聯合國控制將主要由美國負責，他們經常表達獲民主政治培訓的願望，並期望臺灣人組成臺灣政府及在中央政府中代表臺灣利益」。不然，他們警告，臺灣可能陷入內戰。

三月六日，司徒雷登找蔣介石報告因局勢嚴重，布雷克總領事急電要求派飛機接美國

1947 年 6 月 24 日，蔣介石會見美國大使司徒雷登（國史館）

眷屬離臺，蔣介石在當天日記中寫道：「美國人員浮躁輕薄，好為反動派利用，使中國增加困難與恥辱，悲痛之極。」不過，蔣立即電告臺灣行政長官陳儀「此必反動分子在外國領館製造恐怖所演成，近情為何，盼立復」。三月九日，蔣派國防部長白崇禧赴臺灣宣慰，同時命令陳儀「對美領事，務確實聯繫，勿生惡感」。

三月二十七日晚，臺灣局勢初步安定後，根據駐臺領事館的建議，司徒雷登大使找蔣介石商談，由於臺灣迫切需要更好和更廉潔的政府，建議可將臺灣設為特別經濟區，僱用大量美國技術顧問來協助開發臺灣經濟資源。這將需要島民的衷心合作；並且臺灣的出口利潤可被用於償還或保證任何未來的美國貸款。會後，司徒雷登向國務卿馬歇爾（George Marshall）匯報說，蔣委員長強調他贊同這項建議，並要求大使著手擬訂具體方案。然而，蔣介石卻在當天日記中寫道：「彼對臺灣與瓊州之經濟則特重視，甚欲余聘美國人為顧問，並乘此臺灣變亂之時有所染指乎。」可見，蔣心中對司徒雷登的提議抱持懷疑態度。

國務卿馬歇爾和副國務卿艾奇遜討論了司徒雷登的提議，艾奇遜認為對臺灣經濟發展的援助似乎聽起來很合理，但是，在沒有合理的信貸支持前景下，他質疑派遣技術顧問的可行性。不過，他們仍然決定在美國政府內部開始可行性的研究。

四月十八日，司徒雷登又去找蔣介石，向他提交了一份由美國駐臺副領事葛超智起草的備忘錄，從美國角度概述了「二二八事件」，並提供了可能改善局勢的建議，蔣介石表示他將親自閱讀中文文本。該備忘錄提出「臺灣應該為中國賺取外國信貸。它作為一個特殊工業化和技術發達的省應該與經濟困難的大陸脫鈎」。備忘錄強調「為了鼓勵和確保全心全意的努力，必須允許臺灣—中國人在各級政府中佔有更大的份額。人員和行政結構的改革必須徹底；我們認為，半吊子措施和姑息只會導致將來更大的對省政府腐敗、低效和專制的抗議。臺灣可以通過迅速和根本的改革恢復到以前高水準的政治效忠和經濟生產」。在美國壓力下，蔣介石改變原先支持陳儀的立場，於四月二十二日任命前駐美大使魏道明出任臺灣省主席，並根據司徒雷登備忘錄建議，著手各項改革。「二二八事件」後中華民國在臺灣的初步改革，既是為了安撫臺灣民眾，也是為了回應美國的干涉。

五月二十日，葛超智被迫回到華府，五月二十六日，他面見國務院遠東司司長討論「二二八事件」時，才第一次正式建議託管臺灣。此時他的託管主張，也是承認中華民國對臺主權，希望協助臺灣人「自治」，並非追求獨立。他提出「可以找到一個方案來規範美國在現有經濟結構中對臺灣的援助和投資，並要求在國軍撤出後，對臺灣進行美中聯合管理；或者可以利用臺灣的法律地位來設立監督機關以減少和制約目前中方過度行為，該島可能在臨時國際管制下成為中國未來重建努力的穩定立足點」。六月中，馬歇爾讀了這

1947年7月23日，蔣介石、宋美齡會見美國總統特使魏德邁將軍、大使司徒雷登（國史館）

份報告。

七月十一日，美國政府宣布派二戰時曾任蔣介石參謀長的魏德邁（Albert C. Wedemeyer）將軍為杜魯門總統特別代表來中國考察。考察期間，他於八月十一日至十八日來了臺灣一週。八月十九日，蔣介石與魏德邁談話六小時，就中國局勢廣泛交換意見，當時，蔣介石研判美國動機「志在先倒我而後達其統治中國之目的」。所以，蔣會後又託司徒雷登轉告魏德邁，他絕不能接受美國「干涉內政之條件，甚望美國能以友邦平等相待」。但是，在回美後給杜魯門和馬歇爾的秘密報告中，魏德邁認為臺灣人「樂見美國託管」，無視蔣的不滿及疑慮。

形勢比人強，臺灣局勢的不穩定讓蔣介石擔憂，並逐步傾向接受美國的提議。十一月十五日，司徒雷登發現蔣介石改變態度，他向馬歇爾報告「蔣委員長瞭解情況，他表示原則上衷心地支持某種形式的中美共同管理臺灣幾年，重點是經濟復興」。「二二八事件」後九個月，蔣介石終於口頭上同意中華民國與美國「共同管理臺灣幾年」。

由於國共內戰日趨激烈，蔣介石為了取得美國支持，一再讓步。一九四八年四月二日，美國國會通過援助中華民國四億六千萬美金的援華法案。四月四日，蔣介石電謝杜魯門「對該法案之實施，敝國自當竭誠與閣下及貴政府密切合作」。該法案後來主要由美國經濟合作總署負責執行，對臺灣經濟穩定有實際幫助。十一月九日，蔣介石函請杜魯門加強軍事援助並派軍事顧問來中華民國指揮反共作戰。

由於國軍在戰場上的失敗，一九四八年十一月二十三日，蔣介石私下與蔣經國商量，準備放棄在大陸的基業，到臺灣重起爐灶，建立反共基地，但他很擔心臺灣主權歸屬有法律爭議。一九四九年一月十二日，剛被任命為臺灣省主席的陳誠在記者會上主張「臺灣為剿共堡壘」，蔣介石電責陳誠發言失當，應以「中央政策為主張免為人誤解」。蔣介石對陳誠表示：「臺灣法律地位與主權，在對日和會未成以前，不過為我國一託管地之性質，何能明言作為剿共最後之堡壘與民族復興之根據也，豈不令中外稍有常識者之輕笑其為狂囈乎。」對於陳誠對外提到臺灣的地位，蔣介石覺得並不精準因此批評陳誠。

一九四九年六月十八日，蔣介石在日記中寫道「臺灣主權與法律問題，英、美恐我不能固守臺灣，為共匪奪取，而入於俄國勢力範圍，使其西太平洋海島防線發生缺口，亟謀由我交還美國管理」，所以他決定對美國應有堅決表示，「余必死守臺灣，確保領土，盡我國民天職，絕不能交還盟國。如其願助我力量，共同防衛，則不拒絕，並示歡迎之意，料其絕不敢強力收回也」。蔣介石此時認識到英美想逼他將臺灣交還美國管理，不過，臺灣是他最後的保命根據地，他要死守，絕不交還，但歡迎美國參與防衛。一九四九年五月二十八日，蔣介石給魏德邁將軍寫信「臺灣如欲樹立為復興反共之根據地，其有關軍事、經濟、政治各項人才，更非借助於美國不為功……余相信今後中美合作，必能融洽無間」。這是一封求救信，經過兩年抗爭和猶豫，蔣介石最後不得不正式向美國請求「共管臺灣」。

蔣介石在一九四八年底已經明確選擇臺灣為復興基地，一方面因為地緣政治上靠近美日，遠離蘇俄，一方面因為臺灣沒有本地軍閥，而臺共力量不強。一九四八年底，他就讓蔣經國運送上海的金、銀和外匯到臺灣，又任命親信陳誠為臺灣省主席。一九四九年六月，蔣介石剛到臺灣，就指導陳誠進行新臺幣改革和減租，實施軍事戒嚴和清除臺共。當時陳誠與蔣介石密切配合，在臺灣實行的措施，都是蔣介石親自批准和指導的。一九四九年下半，蔣介石在廣州、四川指揮內戰只是盡力而為，並不影響他對臺灣的戰略部署，也沒有試圖同時重起幾個爐灶。

可是，從一九四九年四月解放軍渡江至一九五〇年六月韓戰爆發，美國政府內部對臺灣政策意見嚴重分歧，反反覆覆，決策和資訊都十分混亂。當然，這與國民黨兵敗如山倒有直接關係，也同美國還在觀察中共對美政策有關。一九四九年十月一日，中華人民共和國成立，美國決定暫不予以外交承認，等待「塵埃落定」再做下一步的決定。十一月三日，蔣介石以國民黨總裁身分逃到臺灣不久，美國駐臺灣總領事師樞安（Robert C. Strong）奉國務卿艾奇遜命令，不合體制地向蔣呈送備忘錄，聲明美國並無軍事協防臺灣之意，但將在現行立法規定範圍內，給予臺灣經濟援助，至於任何其他新援助，則將視中華民國當局是否採取有效行動而定。蔣得到美國這樣的訊息後，他與宋美齡商量，決定復電艾奇遜要求美國派軍政顧問來臺協助。十二月十五日，蔣介石又直接向杜魯門發電報要求援助臺灣，同日，為了取悅美國，還指派留學美國的吳國禎代替陳誠出任臺灣省主席。可是，一九五〇年一月初，為了與新成立的中華人民共和國發展正常外交關係，杜魯門和艾奇遜正式決定美國不會軍援臺灣。

面對解放軍迫在眉睫的渡海攻勢，蔣介石轉而大力遊說美國軍方和國會來改變杜魯門對臺政策。當時，以美國前第七艦隊司令柯克（Charles Cooke）為主的「特種技術顧問團」，以個人身分來臺協助蔣介石穩住局面，並成為蔣介石與東京麥克阿瑟（Douglas MacArthur）盟軍總司令部之間最重要的溝通橋樑。柯克一度成為蔣介石在重大決策上最信任的人士，特別對棄守海南島、撤出舟山群島，以及死守金門的決策，都扮演至為關鍵的角色。一九五〇年四月十日、五月二十四日、六月十六日，蔣介石三次派柯克去東京面見麥克阿瑟，請求麥帥來共同保衛臺灣。蔣介石甚至在五月下旬，通過朋友向杜魯門傳信，表示如果杜魯門能派麥帥來管理和保衛臺灣，他自己願意讓位。一九五〇年六月二十五日，史達林和毛澤東支持北韓進攻南韓，此舉讓美國不得不馬上採取行動，二十七日，杜魯門下令第七艦隊協防臺灣，明確了美國阻止中華人民共和國武力奪取臺灣的政策。杜魯門提出「臺灣未來地位的決定必須等待太平洋安全的恢復、對日和約的簽訂或經由聯合國考慮」。杜魯門提出「臺海中立化政策」和「臺灣地位未定論」，修改了他自己一九五〇年一月五日發表的關於承認中華民國對臺灣行政管理聲明。蔣介石雖然口頭反對杜魯門的「臺灣地位未定論」，但為了臺灣安全，他不得不接受美國與中華民國在軍事與外交上某種形式「共同管理

1947 年 10 月 1 日，蔣介石會見美國第七艦隊司令柯克海軍上將（國史館）

1950 年 7 月 31 日，蔣介石迎接駐日盟軍總司令麥克阿瑟（國史館）

1950 年 7 月 31 日，蔣介石、宋美齡會見駐日盟軍總司令麥克阿瑟（國史館）

臺灣」。

「二二八事件」後短短幾年間，臺灣從一個日本殖民地轉變成為二戰後中華民國新收復的邊疆省分，再成為蔣介石「自由中國」的反共基地，這中間牽涉眾多歷史意外與巧合，林孝庭教授認為「中華民國在臺灣在非常偶然的情況下，不是經由蔣介石與美國謹慎的地緣戰略規劃，而是經過雙方臨時措施和不完美妥協累積造成」。韓戰爆發後，蔣介石在國防、外交和經濟上向美國轉讓一部分對臺灣的管理權，這是為了臺灣安全而不得不付出的代價，但此時臺灣國際法地位仍然不很確定。

2. 蔣介石真心「反攻大陸」嗎？

一九五四年九月，毛澤東發動第一次臺海危機，作為他不斷革命的一環，以阻止美國與臺灣簽訂「共同防禦條約」。九月九日，美國國務卿杜勒斯來臺北與蔣介石會談。蔣要求立即締約，並主動表示，沒有美國的同意，他不會反攻大陸。一九五四年十一月二日，外交部長葉公超與杜勒斯開始會談「共同防禦條約」細節，臺方主張條約適用範圍應包括臺澎金馬在內，美國則堅持只包括臺灣島及澎湖，美國不願為保衛外島而戰；臺方再三保證，除有限的自衛外，國軍對中國大陸採取軍事行動必先取得美國同意。雙方對大原則很快達成協議。難怪杜勒斯當時告訴英國外相艾登，美臺「共同防禦條約」會把臺灣和大陸分開來，隨著時間進展，會使雙方可以接受「兩個中國」，而且兩者都可能成為聯合國成員。為了贏得中華民國迫切需要的軍事和外交支持，蔣介石推動臺美結為正式的軍事同盟，主動接受美國對反攻行動限制，默認中華民國僅侷限於臺灣一隅的格局，逐步永久化與固定化。一九五八年十月二十一日，第二次臺海危機暴發後，杜勒斯來臺灣與蔣介石磋商，兩人在臺北發表歷史性的《聯合公報》。在公報中，蔣介石主動宣示「光復大陸主要武器為三民主義之實施，不憑藉武力為反攻復國之主要途徑」，實際上放棄武力反攻國策。

雖然蔣介石在宣傳上仍然高喊「反攻大陸」，但他晚年改變中華民國國家戰略，逐漸在心態上和戰略上接受「兩個中國」的前景。他將臺灣的國防戰略從進攻戰略調整為防守戰略，清楚認知美國政策的改變，臺灣沒有辦法遏阻美國追求符合其安全利益的目標。一九六〇年代末，當時臺灣的防空力量非常薄弱，蔣介石日夜擔憂中國解放軍進犯臺灣本島。一九六九年八月三日，蔣介石接見美國國務卿羅傑斯（William P. Rogers），羅傑斯問及，中華民國是否欲進攻大陸？蔣坦白回答，目前尚無自衛之能力，「共匪一旦向我進攻，吾人無法維持二、三日之戰力」。蔣解釋「因為臺澎與金馬之防衛實賴於空軍優勢。

現在共匪能自製米格廿一型飛機，而且其數量每月增加，而我空軍F-104與F-5型機，戰力均與之相差甚遠，而且數量甚少。故今日空中優勢全落在敵人之手」。蔣進一步說明「共匪不僅具有米格廿一型機，性能優越，且具有近程飛彈。並且共匪擁有海軍潛艇至少有三十六艘而我方則無一艘潛艇」。蔣接著抱怨：「美援供給我勝利女神飛彈十二組、蒼鷹飛彈二十四組，惟每組僅有六枚彈頭，上述飛彈均為防衛性地對空飛彈供空防之用，但僅有如此微弱之儲存彈量，何能應付敵人空中優勢之攻擊？……目前每一組所有六枚彈頭最多不能維持三十分鐘之使用。」所以，蔣警告羅傑斯「如共匪一旦獲悉我空防之空虛情形，必將隨時可以向我攻擊」。可見，當時臺灣防衛力量非常薄弱，蔣介石高喊「反攻大陸」，實際上唱的是虛張聲勢的「空城計」。

蔣介石認為，如果共軍進犯，臺灣最多只能支持三日，因此國軍必須提高臺灣海峽的空中戰力，以爭取更多應變時間。他請求美國支援幽靈式戰鬥機一中隊，協助臺灣的空中防禦。幽靈式戰鬥機（F-4Phantom）於一九六五年開始服役，是當時美國海空軍的遠程超音速戰鬥機，越南戰爭期間，F-4除了作為海空軍主要的制空戰鬥機，也在對地攻擊、戰術偵察等方面發揮很大作用，在一九七〇和一九八〇年代成為美國空軍的主力。

一九六九年九月二十四日，蔣介石致電駐美大使周書楷，希望美國將一隊F-4C飛機援助臺灣，並比照援韓方式辦理。至於如何遊說國會，則讓周書楷與孔令侃協商。孔令侃是宋美齡的外甥，當時任駐美大使館參贊，長期代表中華民國對美國官員和議員秘密遊說。十月十一日，外交部長魏道明與周書楷拜會羅傑斯，問及軍援項目中可否增加幽靈式飛機，羅推託軍援問題仍按照前任預算執行，意思是目前沒有軍援幽靈式飛機的打算。十一月二日上午，孔令侃向蔣介石報告，美國國會有可能批准軍援幽靈式飛機，蔣叮囑「如其議會通過，必須先訂交貨的優先日期，應特加注意為要」。蔣介石當時對於能否獲取幽靈式飛機極為重視。

十一月二十日，在孔令侃的遊說下，美國眾議院以一百七十六票對一百六十九票，通過一項修正案，授權撥款五千四百五十萬美元給中華民國，以便在一九七〇年會計年度中，購買一中隊的F－4D幽靈式飛機。如果參議院也通過該案，眾院的授權即成定案。十一月二十二日上午，蔣介石獲悉美眾院通過援助F－4D案，但他認為來自參議院的阻力仍大，尚難樂觀。十二月三日，蔣介石得知美參院外交委員會撤銷援臺F－4D案，因此認定今後將更不容易得到美國軍援，「惟對此種外來之物絕不可靠，得之不足喜，失之不足憂」。十二月十日，美眾院大會通過援臺F－4D幽靈式飛機撥款案，蔣介石記曰：「昨夜美眾院對我軍援F－4D機一中隊案，只多五票通過，其爭辯激烈與反華大勢可知。好在其國防部長加以支持，聊以慰懷。」

一九六九年十一月十九日，蔣介石致函尼克森，提出希望能獲得F－4D幽靈式飛機及潛水艇。蔣介石多次催促美方高層，經過一百三十天才獲尼克森答覆。尼克森批准給予臺灣五艘驅逐艦、足夠的F－104戰機以替換國軍所有的F－86和F－5戰機，卻略過關鍵的幽靈式戰機。美國對於臺灣的軍援，目的是維持臺灣基本的防衛能力，同時限制蔣介石「反攻大陸」的行動，所以美國永遠不會滿足臺灣的武器要求。

幾乎在臺美交涉幽靈式飛機的同時，一九六九年九月二十三日，國務卿羅傑斯訪臺剛回國，國務院就通報駐臺大使館：美軍第七艦隊在臺灣海峽的「例行性巡邏」，將改為「不定期巡邏」。國務院解釋，因為國防預算要刪減三十億美元，海軍艦艇要減少一百艘，因此不得不將例行巡邏改為不定期巡邏。國務院強調，這項調整並不表示美國協防臺灣的承諾，或第七艦隊執行美臺「共同防禦條約」的能力有任何改變。其實這一改變有其重大政治涵義，無法以預算問題掩飾。而如此事關臺灣安危的決定，美國一直拖到十一月初才正式通知中華民國政府。但是，國家安全顧問季辛吉在稍早的十月十六日會見巴基斯坦內政部長時，就請巴國總統秘密地告訴中國，美國將把兩艘驅逐艦撤離臺灣海峽。十一月初，巴基斯坦葉海亞·汗（Yahya Khan）總統將這項決定告訴了中國大使張彤，葉海亞·汗還特別解釋：「美國有意與共產黨中國實現關係正常化。」從此，巴基斯坦開始了美中秘密外交的傳話工作。

比毛澤東晚了一週，蔣介石直到一九六九年十一月八日才得知美國這項決定，立即指出「此無異放棄其保障臺灣海峽安全而又強迫我撤退之陽謀，美國誠不可靠也」。十一月九日，美國正式通知中華民國政府：自十一月十五日起，第七艦隊將停止例行巡邏臺灣海峽。蔣介石試圖找出其他方法來挽回美國的決定，他指出，根據臺美「樂成計劃」，停止巡邏須經臺美協商，不是美國說不巡就不巡。「樂成計劃」源自於「共同防禦條約」，這是臺美共同應對解放軍入侵的作戰計劃。十一月十一日，蔣介石告訴蔣經國等決策高層「第七艦隊與保護臺灣海峽之不可分，如其停止巡邏海峽，即等於第七艦隊之撤退，乃放棄臺灣海峽，即放棄臺灣也」，因此，美艦停止巡邏「為其壓迫我放棄之間接手段，那無異違反中美協定之承諾」，但「臺澎金馬為整個不可分局勢，我國對金馬雖戰至最後一人，亦絕不放棄」。如果美國暗示已放棄臺灣海峽，任由中共對金馬與臺灣進攻而美國不來干涉，「共匪對其既得土地與權利絕不放棄，而且對得者，必得寸進尺，如果美國實行此舉，則越戰未了，而臺戰又起。此一美國政策，不僅對東亞，實為對整個太平洋地區，引起燎火之原，其後果必然如此，切勿以小事視之」。可見，蔣介石高度重視這事的影響，不願失去美國第七艦隊這項保護。

十一月十二日，外交部長魏道明在華府與羅傑斯會談，對改變臺海巡邏的決定，提出臺北的看法。魏促請美國政府重新考慮，羅傑斯強調這完全是基於預算的考量，美國的政策和防衛承諾均未改變。羅也強硬地指出，改變臺海巡邏是美國最高層的決定，不可能改變。十一月十三日，蔣經國向蔣介石報告，美國對停止巡邏案以最高層決策不能變更為由，仍將如期於十五日實施。至於蔣介石抱以希望之「樂成計劃」，美國認為「樂成計劃」中並無提及巡邏艦隊之決定，因此不須與中華民國商討。得到這樣的回覆，蔣介石「內心實如焚惔」，他立刻召集副總統嚴家淦、總統府秘書長張群、國家安全會議秘書長黃少谷與蔣經國等商討對策，並決定親自致電尼克森，要其先取消停止巡邏命令，再商討替代辦法。十一月十四日，周書楷帶著蔣介石的電報去見季辛吉，詢問美國能否延後兩三週執行，季辛吉當場打電話詢問國防部長萊爾德（Melvin Laird），沒想到萊爾德卻向季辛吉告狀，指責這是國務院向中國示好的方式，換而言之，美國國防部長也不贊成停止臺海巡邏的決定。

尼克森政府當時還算重視蔣介石的顧慮，在魏道明與周書楷相繼對美提出交涉之後，美國國防部派副部長普克德（David Packard）與太平洋美軍總司令麥坎（John S. McCain）訪問臺北，於十一月十五日見蔣經國，說明撤離兩艘驅逐艦，只是淘汰逾齡艦隻，美國海軍艦艇仍將「例行性通過」臺灣海峽。十一月十五日，蔣介石認為美國的用意「乃無形中迫使我撤退金馬外島，為使共匪統一大陸，以達到其兩個中國之幻想」。普克德報告後，國防部如期在十一月十六日下令改變巡邏作業。但改變巡邏作業的隔天，季辛吉卻突然告知周書楷，尼克森決定暫緩終止巡邏，蔣介石評論說：「尼克生雖允延期停止巡邏海峽，但其基本政策實已決定，臺灣海峽任由共匪侵佔金馬，以達成其孤立臺灣之愚策，不惜出賣我政府也。」十一月十九日，蔣介石再次致函尼克森，要求勿予終止巡邏和立即檢討「樂成計劃」。十一月二十三日，蔣經國與美國第七艦隊司令達成協議，美國海軍重新調整路線，每個月有十五艘船艦來往越南與日本時會穿越臺灣海峽，蔣介石認為這結果還算圓滿，「以此辦法等於未停止巡邏」。

一九六九年十二月十七日，蔣介石接見美國大使馬康衛（Walter P. McConaughy），討論F－4D飛機與巡防臺灣海峽等問題。馬康衛轉達尼克森對蔣十一月去函的口頭答覆：尼相信有關臺海巡邏的細節，將可以透過美軍太平洋總司令及中華民國國防部的磋商，得到圓滿解決。馬康衛告訴蔣介石，美國政府完全瞭解中共政權對東亞地區的威脅，但美國認為有責任盡力採取務實和謹慎的步驟，以減低地區緊張，執行以談判代替對抗的政策。馬康衛明白告訴蔣介石，基於這樣的精神，美國正努力尋求與北京對話；如果努力有成果，那將以「在華沙或其他地方」恢復大使級會談的形式出現。尼克森並要馬康衛向蔣保證：美國信守美臺「共同防衛條約」對中華民國的承諾；任何尋求與中國大陸改善關係的措施，都不會沖淡此項承諾。馬康衛還說，尼克森也指示他向蔣保證，尼克森的中國政策不會損害中華民國的基本利益：美國與中國大陸接觸，「不表示」會與中華人民共和國建交，或增強其國際地位；「不意味」美國要降低防衛臺灣的警覺；不是美國認為中共政權本質已經改變，或已經可以接受；不是美國放棄基本原則。蔣介石仔細謹慎地聆聽馬康衛陳述約一小時，沒有插話。馬康衛說完後，蔣沉思片刻，才做簡單的回應：他聽到馬康衛大使確認「美國支持中華民國的政策不變」，感到放心。

蔣介石唯一擔心的問題是第七艦隊不再巡防臺灣海峽，他特別擔心此舉會引起中共的誤解。馬康衛解釋說美國此次對第七艦隊任務的調整，「純粹是經濟的原因」。尼克森已命令在遠東的海軍艦艇不要走臺灣海峽東部海域，而是經過臺灣海峽，以提高美艦在海峽的出現次數。馬康衛引述尼克森的話說，共產黨對臺灣海峽中華民國船隻任何「無理、無端」的攻擊，「不會受到忽視」，但馬康衛並沒有具體說出尼克森對中共的攻擊會做如何反應。這次談話後，經過臺灣海峽的美國軍艦多為「過水」性質，缺乏實質巡邏功能。

此後，美國又做出了一系列的舉動，昭示對中國政策的微妙變化。一九六九年十二月十九日，美國政府正式宣布局部解除歷時十九年的對中共貿易禁令。十二月二十五日，美國國務院公開承認，美國第七艦隊在臺灣海峽的巡邏已由定期改為不定期。同一天，白宮宣布反對提供一個中隊的F－4D型飛機給臺灣。對此蔣介石深感受創，「尼克生特別宣布其反對特別撥援中華民國F－4D機之五千四百五十萬之款項，此乃為我一生中所受重大打擊之一，但他絕不能使我為其致命之創傷，唯有增加我革命之勇氣與獨立之信心而已。而其同時發表其對臺灣海峽美艦例行巡邏之減低，更為鼓勵共匪之侵犯我金馬臺澎基地，以換取共匪重開華沙會談之精誠，此可忍乎？」

十二月三十日，蔣介石又記曰：「本月為尼克森對匪政策轉變之實現，不惜出賣我政府之卑劣手段，尤其是玩弄手法以騙人最為可痛。」事後來看，一九六九年底，尼克森取消第七艦隊例行巡邏確實是他改變對臺政策的重大步驟，難怪一九七一年七月季辛吉第一次見到周恩來時就再三強調這件事，同時，尼克森對於國會撥款援臺F－4D機案態度曖昧、反覆不定，蔣介石當時對美國意圖的判斷非常正確，但實在無法力挽狂瀾，不過，蔣介石至此對尼克森已經不再抱有任何期望。

一九六九年十二月八日，蔣介石聽取美國中央情報局解放軍導彈發展報告後寫道：「匪中程導彈至此程度，不僅對我軍事戰略與方針應重新變更，而且對我外交政策亦有重新考慮與決策。」十二月三十日蔣又指出「臺灣本島防禦計劃亦於本年開始採取獨立自主之精神，而部隊亦重新編組，此乃為殷憂啟聖之兆乎。」瞭解解放軍導彈現況後，他重新思考軍事戰略與外交政策，從此，蔣介石把「反攻大陸」進攻戰略調整為保衛臺灣的防守戰略。一九七〇年一月四日，他指示國防部長黃傑、參謀總長高魁元兩個月內完成海空軍各艦艇與飛機的作戰計劃，特別是「擎天部隊」案，即「反空降作戰標準規定」。二月十三日，蔣主持作戰會報，聽取共軍來犯時的戰略與戰術部署。二月二十四日，蔣又指示國防部長黃傑、參謀總長高魁元十項國防戰備急務。

一九七〇年一月二日，蔣介石會見來臺的美國副總統阿格紐（Spiro T. Agnew）。在尼克森政府內部，阿格紐被視為反共立場堅定、可以與蔣談得來的人。只是，尼克森一再派副總統訪臺，純是安撫之舉，他也從來不告訴阿格紐他與中國的秘密外交。阿格紐承諾提

1971 年 7 月 9 日，季辛吉密訪中國，與周恩來見面

供三千一百萬至三千六百萬美元以提升臺灣防空能力，包括一中隊的F-104戰鬥機，以及力士型飛彈和天鷹飛彈。阿格紐與蔣介石會談時，兩度被問及F-4D戰鬥機的出售問題，阿格紐都未正面回應，只敷衍說他知道中華民國確實需要防空能力，美國準備提供它所需的能力。

一九七〇年一月十四日，蔣介石接見美國空軍部長席曼斯（Robert C. Seamans），請其向尼克森轉達目前臺灣防務空虛情形，希望美方協助增強空軍的力量。蔣強調：「目前臺灣防務空虛情形，於上年八月國務卿羅傑斯來訪時曾詳為說明，迄今無任何回音，前此所提勝利女神飛彈及鷹式飛彈彈頭供應不足問題一如往昔，所謂『由我自生自滅』之說誠非過分。」蔣介石指出「中共之作戰計劃，為自空中突襲臺灣，以空降部隊大批降落重要據點，造成既成事實，美國縱欲相助，亦無能為力。對此，美國政府不可不特別予以注意」。蔣介石強調，中共空軍之飛機無論在數量上或質量上均已超越中華民國，對此，美國應幫助臺灣空軍在質量上掌握臺海空中優勢，席曼斯僅僅答應回去報告。

一九七〇年一月二十四日，白宮發言人再度發表對援臺F-4D型機意見：「此項飛機對中華民國是非常有用的，但就該國整個空防的戰略而言，並不是急需的。」蔣介石恨此言「狡猾虛偽，殊為可痛」。一月二十七日，蔣介石得報美國會兩院竟剔除援臺F-4D

型戰機案，在同案中反而通過對韓援助五千萬美元，他認為美國忘義失信反覆無常，「此乃（孔）令侃為美國人所賣，而對我外交上之失敗也」。蔣介石頓感「磨折扭絞、恥辱煩惱、憂患困痛」。他大罵尼克森「對我之玩耍至此，徒長其本身之卑劣人格而已」。蔣總結：「美國政客失信無義、反覆無常，為其個人利害，隨時可以出賣友人，今日又多得一個經驗。此案之後果對我國之為凶為吉，尚難判定。」

被尼克森「玩耍」一通之後，一月三十一日，蔣介石自我反省「自二十五歲以來，經過無數憂患與恥辱，尤以對外之磨折扭絞，非使我國脈民命澈底消除而不止的美國政府，虛偽欺詐之玩耍，令人無法忍辱，已達極點」。不過，蔣對美國的假言偽行「三十年來之疑竇亦得因此而完全識破與證明，此乃盎格魯撒克遜民族之真面目矣，經過無數次被欺詐與出賣，再可不夢覺乎？」蔣於是決定「美國人之忘義失信如此也，對於F－4型飛機交涉結果，擬堅拒妥協」。

一九七〇年二月十三日，蔣介石寫下感想：「對美本已絕望，何必因此次F－4型機交涉所得後果，而為之憂慮其中美今後關係之惡化也，彼既嚴拒我要求，而我何不可堅拒其欺詐的妥協，實於心無愧也。」但蔣介石著實在意此事，因此心情反覆，二月十六日寫道：「此次F－4型交涉之挫折，乃是好事，而非壞兆，否則將於大失敗與危機，以令侃之手段鹵莽更將敗事也。但只怪自己任用不當，決斷不力，招此恥辱而已。」他說：「對於F－4案我遭此恥辱，越想越憤，故近夜連續失眠受此苦痛，此為平生各種失敗之中，光明大無愧於心，而惟此次之恥辱失敗之甚，故心不自安也。此次F－4型機案，美國聯合會議之剔除，而對韓國五千萬元同案中之將予保持，此為令人最難堪之恥辱失敗也。」蔣介石與美國交涉F－4型飛機失敗，對臺美關係有重大負面影響，蔣介石至此對尼克森深惡痛絕。此後不久，蔣介石不再讓孔令侃參與對美國國會的遊說工作，改派駐美軍事採購組胡旭光將軍任大使館參贊，負責對國會遊說，事後證明這一任命十分成功。

一九七〇年四月二十一日，蔣經國訪美與尼克森會談。關於臺灣安全，蔣經國說中共對臺灣會採取像日本偷襲珍珠港一樣的奇襲，空降登陸，美國應與臺灣共同努力才能有效防範。尼克森再三說「我絕不會出賣你們」。但他對具體問題都採取敷衍態度，避免做明白承諾。一九七〇年七月三十一日，蔣介石在日記中寫道：「今後共匪如犯臺灣，必以空襲與空降為主，其陸海軍即以南海艦隊與閩粵陸軍為主力等，將其潛艇參加海戰。匪共以先進犯金馬為其戰略之重心，以試探美國協防之態度，故對金馬之防務應予積極加強。海軍防匪潛艇其急務，務以保全我海軍之主力為第一。」一九七一年一月十九日，蔣介石上午主持軍事會議，下午再次聽取美國中央情報局「匪導向飛彈與飛機進步」的報告。蔣在日記中寫道：「現在建軍備戰之計劃與實施工作均以自立自主為本，自有獨立作戰生存發展之道，切勿有依賴他人為求存之念。」蔣介石晚年，為臺灣的國防安全，殫精竭慮。

一九七一年六月十五日，蔣介石主持國家安全會議，他號召「祇要大家能夠莊敬自強，處變不驚，慎謀能斷，堅持國家及國民獨立不撓之精神，亦就是鬥志而不鬥氣，那就沒有禁不起的考驗，衝不破的難關，也沒有打不倒的敵人」。這些話是說給臺灣人民聽，更是說給國民黨內同志聽的。六月二十一日，他說：「當此危急存亡之秋，只有內部充實軍民團結以決死戰而已，外交乃其次者也。以外交之基礎在內政，而內政以經濟為主體，此謂足倉足兵民信之矣。」十一月十日，臺灣退出聯合國後，蔣介石警告國民黨中常會「中美共同防禦條約、中日和約將來亦未始無片面廢約之可能」。但他認為當前最切要者為「我基地防務之鞏固」。一九七一年十二月三十一日，蔣介石認為三年來臺灣建設進步至速，軍隊整編後，三軍人數已由六十餘萬人，減至五十三萬人，而戰鬥力反增強一倍以上。他決定「反攻戰略重新部署，計劃與行動完全變更。此一自立自保，以退為進，以守為攻，以靜制動之戰略，至為重要」。至此，蔣介石明確放棄「反攻大陸」，而確立「以守為攻，獨立自保」的新國策。

3. 蔣介石為什麼怕彭明敏？

臺灣民眾都知道蔣介石曾經強烈反對臺獨，但並不很清楚他為什麼這麼怕臺獨。原來，蔣介石把臺獨運動視為美國借刀殺人、推翻其政府的陰謀。

一九六四年九月二十日，臺大政治系教授彭明敏與謝聰敏、魏廷朝三人因共同起草一份《臺灣自救運動宣言》被捕。該宣言認為「反攻大陸」絕對不可能，要求制定新憲法，建立責任政府，保障基本人權，實現真正民主，並以新國家身分加入聯合國。一九六五年二月三人被正式起訴，彭明敏被判八年有期徒刑；由於「大赦國際」（Amnesty International）等團體的奧援及美國的施壓，蔣介石於十一月三日特赦彭明敏，不過彭的生活仍受到特務的監控。期間，美國密西根大學也有意聘請彭明敏任教，但因為中華民國政府阻撓而無法成行。

一九七〇年一月二日，彭明敏在友人的協助下，從臺灣逃離至瑞典。彭明敏出逃後，一月三十一日，蔣介石對此事自我反省「美國對華之陰謀所謂一中一臺之政策，其所謂一臺者乃要製造其臺灣人之臺灣，而非中華民國之臺灣也，此其非滅亡我國而不甘心之明證」。二月四日，蔣介石聽取蔣經國對彭明敏偷渡出境的報告，再記「對彭明敏逃亡由美國人為之，更證明美之由臺灣人成立臺灣獨立國，以毀滅我政府之陰謀為已也」。可見，蔣介石當時把臺獨運動看作是美國要毀滅中華民國的陰謀，因此，他指示外交部為防範彭明敏入境美國而大力交涉。

一九七〇年一月底，美國國安會官員何志立（John H. Holdridge）向季辛吉報告，獲假釋的彭明敏脫逃到瑞典，可能會申請簽證到美國。何志立認為這是一燙手山芋，如果批准簽證，蔣介石會認為這是對他個人的羞辱。蔣介石會把彭明敏簽證案與取消臺海例行巡邏、華沙會談、尼克森政府調整對中國政策，合併解讀，可能認為美國正在出賣他。接著，蔣會認為美國以臺灣人為基礎，尋求「一中一臺」的解決方式。但如果不給簽證，美國學界會對政府群起而攻。中華人民共和國看待彭明敏的簽證，可能也會疑心是美國搞「一中一臺」，他們不喜歡。這件事經過臺美雙方反覆交涉，到了九月十六日，美方同時在華府及臺北告知中華民國駐美大使周書楷與外交部北美司司長錢復，美國決定發給彭明敏入美簽證，美方強調拒發簽證「於法無據」。九月二十一日，蔣介石指示周書楷直接向尼克森提出抗議，但尼克森不予理睬。

一九七〇年四月，蔣經國最後一次訪美，作為對國務卿羅傑斯一九六九年八月訪臺的回訪，四月十八日上午，蔣經國向蔣介石辭行，蔣介石要他當面向尼克森提出三個最重要

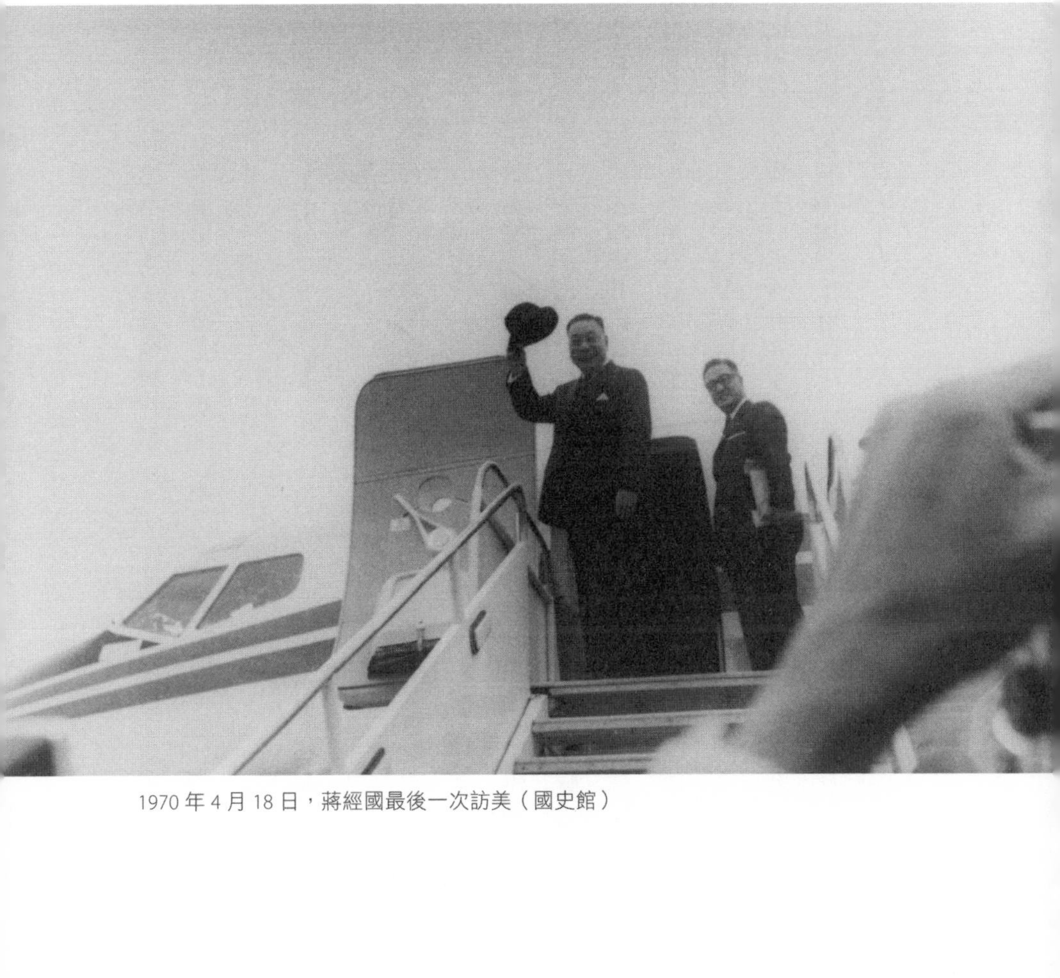

1970 年 4 月 18 日，蔣經國最後一次訪美（國史館）

問題：（1）美國在華沙會談會讓步到何種程度；（2）美國對維護中華民國聯合國代表權的態度；（3）如果臺海危機再度發生，美國是否仍會協助防衛金馬外島。其他屬次要的問題是「臺獨」在美聲勢擴張、中國大陸情勢和美國對臺灣軍援。

蔣經國訪問華府時的職務是行政院副院長，尼克森政府卻以對待國家元首的高規格接待他。蔣經國住進布萊爾賓館、參加一場晚禮服國宴、與高階官員會談。蔣經國四月二十一日在白宮與尼克森會談，由外交部次長沈劍虹擔任翻譯。尼克森罕見地與他密談了七十五分鐘。蔣經國面交一封蔣介石的信，稱他奉蔣介石之指示，要向尼克森轉達蔣介石對雙方共同利益問題的一些看法，接著蔣經國便取出事先準備的說帖，分幾個項目逐段說明。蔣經國向尼克森保證，中華民國不會對大陸使用武力攻擊，但會使用政治手段來達成目標。關於臺灣安全，蔣經國說中共對其他國家採取政治滲透及提供叛軍武器的方式，但對臺灣會採取像日本偷襲珍珠港一樣的奇襲、空降登陸，美國應與中華民國共同努力以確定有效防範的措施。他不能確定中華民國何時能重返大陸，但友邦與盟國應坦誠磋商，務求成功。只有七億中國人民的政府愛好和平，他們才會成為美國的朋友。蔣經國也簡短提及亞洲集體安全問題，希望美國能促成南越、南韓、泰國及中華民國等理念相同、都面臨共黨威脅的國家，協調彼此的努力。

尼克森向蔣經國保證，華沙會談只是試探性質，絕不會損害美國對中華民國的忠誠。尼克森試圖讓蔣經國放心，再三說「我絕不會出賣你們」。尼克森也保證，「美國將繼續反對中共進入聯合國」。但對蔣經國所提出的三大議題——華沙會談、聯合國席位、金馬防衛——尼克森都避免深入討論，對具體問題都採取敷衍態度。

蔣經國接著找季辛吉私下會談。季辛吉問蔣經國，如果把華沙會談移到華府或北京舉行，他會如何反應？蔣經國表示反對並力勸季辛吉打消這個念頭。季辛吉強調美國堅持強力支持友邦的原則，絕不會在任何議題上向共產黨讓步；在進行戰術運作時，有時雖會發生混淆，但我們要知道戰略與戰術的區分。蔣經國告訴季辛吉，毛澤東不是一個「正常人」，不能用正常的標準去分析毛澤東的思想和行為；毛澤東不是照一般預期的方式在反應。一九七〇年十二月三十一日，蔣介石在日記中提到：「匪美華沙會談之陰謀，尼氏本想牽制蘇俄以賣我，且其將會談地點移至華府，與北平之議而為經國訪美所打破。」事後證明，蔣介石結論下得太早了。

誰也沒有想到，這次蔣經國以行政院副院長身分訪美，成為臺灣的最高領導人最後一次正式訪問美國。一九七〇年十月，副總統嚴家淦曾短暫地到華府參加艾森豪總統喪禮。陪同蔣經國訪問的外交部次長沈劍虹，在臺美斷交之後發表的英文回憶錄《美國與自由中國——美國如何出賣它的盟國》中，認為尼克森邀蔣經國訪問，目的似乎是在對一個盟國告別。

一九七〇年四月二十四日，蔣經國從華府來到紐約，正準備步入布拉薩飯店參加午宴演說時，遭臺獨聯盟成員黃文雄、鄭自才行刺，幸經美方安全人員保護而脫險。蔣介石對此記曰：「今午經兒由華盛頓抵紐約甫拉馬旅館受美工商界之邀宴，甫入旅館，即為臺獨反動分子槍擊未中幸無恙，此乃美國之治安混亂無法之一，如此國家所謂民主自由者，其禍患不知如何持久矣。當經兒離國之前數日，余本為此考慮多次，想預告經兒謹慎預防……不料果有此事耳。然此為革命者所受之常事，不足為奇。」二十五日，蔣介石急電在紐約的蔣經國：「聞受虛驚無恙為慰，一切工作皆賴上帝保佑，應照常進行，並祝平安。」

四月二十五日，蔣介石自記：「此次經兒驚險，深信亦必如此，此不僅為一家之幸，亦為全國之福，故余並不以此為憂，仍令其照訪問日程進行也。」蔣說：「此乃今日美國假其所謂民主與自由之美名，以消滅真正自由與民主之所為，而其政府當局實負其責任。」四月三十日，蔣介石又記：「此次經國在紐約遇險無恙乃為化險為夷、逢凶化吉之象，亦為光復大陸之預兆乎……此次經兒在美遇險無恙，豈非上帝賜我父子完成其所賦予光復大陸拯救同胞之使命？」蔣介石急得沒辦法，只剩精神勝利法了。

七月十一日，蔣介石在日記中寫道：「謀刺經國之黃文雄，美國法院以其已繳十萬元之保證金即釋放，此乃美國對臺灣陰謀獨立與危害我父子之又一確證，是其非毀滅我國而不甘心也。」但蔣介石還是有自我反省的，並體認到所謂的外交現實「美已視我為奴役，遺棄我於不顧，而且不斷以疏遠、顛覆之方法甚於共黨。此於彭明敏案足以證明之」。他感嘆道「外交必須能存保確立之力量，而後乃可左右逢源，不為人所束縛也。今日外交現實只有利害，而無道義與信約可言也」（十月三日記）。

一九七〇年十月二十一日，蔣經國會晤美國大使馬康衛討論彭明敏簽證問題。蔣經國對美國給予彭明敏簽證嚴詞指責，他認為這是中華民國與美國關係二十年來最嚴重的磨擦，對臺灣政治和社會安定的最直接打擊，他要說服馬康衛，讓彭明敏進入美國，是違反中華民國「重大利益」，此事使蔣介石極度憤慨。蔣經國直率指出，美國大減軍援及彭明敏簽證案，都不符合朋友在需要時應鼎力相助的政府間及個人情誼的標準。對此指責，馬康衛向蔣經國保證，美國政府並不支持或鼓勵任何要推翻中華民國的臺灣獨立運動。

十月二十九日上午，副總統嚴家淦參加艾森豪喪禮返臺，向蔣介石面報與尼克森談話經過。蔣自記：「研究尼氏與靜波談話經過，更瞭解尼氏言行虛偽欺詐不誠無信矣。余之所得經歷認為，俄共險惡狡詐，乃是陽性的，人人皆知。而尼氏陰險虛妄，則屬陰性，在人不知不覺之易入其陷害也，此靜波所以謂其有誠意也。但余對尼氏早已絕望，凡事只有自立自強，而對其毫無希求，故絕不以為介意也。」黃文雄和彭明敏兩案疊加，蔣介石早已認定尼克森密謀推翻他，美國姑息分子「掩護在臺之臺獨分子彭明敏離臺去美。而我致電尼克生阻止其入美，乃尼竟假若其不知而不答覆。此為其賣友自保，忘恩求榮之極致。世界人類竟有此人此事殊非不料，但亦可使我多長進經驗不少耳」（十二月三十一日記）。對於臺獨活動，蔣介石都歸咎於美國政府縱容支持。

蔣介石在日記中常常罵美國借刀殺人，使各國反共領袖無法生存，例如一九七一年三月二十六日記：「近日常以李承晚與吳廷琰被美國特情人員鼓動其韓、越內部變亂，使其反共領袖無法生存。尤以美國從中主使，更使其變亂無知之青年有恃無恐，卒使其領袖為國殉難。此乃美國借刀殺人之慣技。而臺省之彭明敏案，美華府特別助理（季辛吉）對靜波（嚴家淦）又坦白承認是其所掩護入美也。」可見，蔣介石已確認彭明敏為美國借刀殺人、推翻其反共政府的陰謀。一九七一年七月季辛吉訪問北京後，蔣介石自記「寧可善待於君子，切勿得罪於小人。尼丑今後必有更大之陰謀，以圖報復。不但要毀滅國家，出賣於共匪，而且已扶植臺獨，要殺害我父子生命，以償其私願」（九月二十九日記）。此時，他已經深信尼克森要扶植臺獨勢力殺害其父子，出賣臺灣給中共。

但是，中華民國被迫退出聯合國後，面對美國與中國改善關係的致命威脅，只要能保衛臺澎金馬不落入中國之手，蔣介石還是願意考量「一中一臺」的方案。蔣介石一貫反對臺獨，只是擔心他在臺灣統治的合法性，害怕臺獨力量被美國利用，成為除去其父子的工具。雖然擔憂統治的合法性，但事在人為，如果是他自己領導的臺灣獨立，則另當別論，所以，儘管有心理障礙，在萬不得已時，蔣介石並不排斥自己宣布臺灣獨立，實行「一中一臺」的可能性。

4. 蔣介石為什麼接受聯合國的「雙重代表權」？

一九七一年十月二十五日，中華民國被迫退出它參與創立的聯合國。四十多年來，大多數臺灣民眾認為這是蔣介石實行「漢賊不兩立」政策所造成的，其實，歷史真相並非如此。一九七〇年至一九七一年間，蔣介石已經清楚認知美國政策趨勢在變，臺灣沒有辦法遏阻美國改善與中華人民共和國的關係，對此，蔣介石試圖改變中華民國國家戰略，逐漸在心理上和戰略上接受「兩個中國」的現實，可惜這種轉變來的太晚和太慢。一九七一年夏秋，他為了確保中華民國留在聯合國，對美國一再退讓和遷就，同意「雙重代表權」和

1971 年 10 月 10 日，蔣介石會見美國總統特使雷根州長（國史館）

中華人民共和國取得安理會席位。蔣介石公開聲稱「漢賊不兩立」，這既是他對內維持法統的工具，也是他對美交涉的一種策略。但他更是一個現實主義領導人，他懂得在關鍵時刻退讓、妥協。美國國務院事後總結時盛贊中華民國在推動聯合國「雙重代表權」過程中所表現的「非凡的靈活性」。可惜，臺灣歷史學家們卻沒給蔣介石這一表現應有的評價。

一九六〇年代，阿爾巴尼亞等國持續提出由中華人民共和國取代中華民國在聯合國代表中國的提案，即著名的阿案，臺灣稱為「排我納匪案」。該案強調中國代表權的實質是中國的一個新政府替代一個舊政府，而不是一個新國家入會的問題。一九六一年美國提出所謂的「重要問題案」，把中華人民共和國加入聯合國作為必須經過聯大三分之二多數贊成才能決定的「重要問題」，阻止中國進入聯合國。美國與中華民國聯手對「排我納匪案」正面迎擊，直到一九六九年十一月，都能以相當優勢獲勝。

一九六九年底，蔣介石在心態上已經開始接受「兩個中國」的外交前景。一九六九年十二月二十七日，蔣在日記上寫下「美對聯合國讓共匪之參加政策，希望能誠意與我事先說明，我絕不使美國為難」。一九七〇年六月三十日，蔣介石考慮中國如果進入聯合國，「為愛護我手創之聯合國，永保我在聯合國固有之權利，故不退出，但不出席會議，絕不與叛徒並立一堂，保持我正義不屈之立場為主旨」。由此可見，如果尼克森能與蔣充分溝通的話，蔣這時已願意接受聯合國內的「兩個中國」安排。

一九七〇年十一月，第二十五屆聯合國大會上，「排我納匪案」首次獲多數支持，五十一票贊成，四十九票反對，二十五票棄權，但未達重要問題案所需的三分之二多數而未通過。十一月二十二日，尼克森在聯大投票後指示季辛吉，要他以非常機密、不讓可能洩密者知情的方式，研究對「紅色中國」進入聯合國問題的因應對策。

一九七〇年十二月之後十個月，蔣介石於日記中的態度搖擺不定，他不斷在聯合國「去留」天秤兩端猶豫。不過，蔣在決策高層內部講話時是非常理性和講究策略的。一九七〇年十二月十六日，蔣介石主持國家安全會議，指示外交部要深入研究有關聯合國大會及安理會的各種規定，注意「議會戰術」的技巧運用。他還強調「立國之道操之在我則存，操之在人則亡」，要盡最大的努力，維護在聯合國合法地位，但也要做退出聯合國的最壞打算。十二月三十一日，蔣介石主持外交會談，面對眾大使，他指出，不能輕言放棄聯合國席位，而應審慎考慮後再為決定。他不反對對第三案予以研究，但必須注意確保安理會常任理事國席位，蔣為聯合國策略定了調。

根據這次外交會談確定的策略，在此後近半年中，臺灣外交官與美日外交官分別在臺北、東京及華府等地舉行多次會商。在歷次會商中，臺方強調對「一個中國，兩個代表權」

的「雙重代表權」方案，因與反對「兩個中國」之基本立場相悖，中華民國自不能接受。但是，倘該方案在策略運用上有助於擊敗「排我納匪案」，則可同意就其內容及運用技術與美日兩國開誠相商，但在任何情形下，該項方案絕不容損及中華民國在聯合國安理會之地位，否則決非臺方所能容忍。

一九七一年三月二十五日，尼克森主持國家安全會議專門討論聯合國中國代表權問題。季辛吉強調如果採取「雙重代表權」模式，美國不可避免地要遇上安理會席次的歸屬和「臺灣地位」問題。尼克森認為蔣不會退出聯合國，「他們會叫鬧，但那是做給內部看的；最後他們還是會順從美國政策」。尼克森對蔣介石的判斷是正確的，尼克森當時「確信」臺灣不會被趕出聯合國，北京也不會來參加聯大，他決定派特使墨菲（Robert Murphy）去找蔣介石談談。

一九七一年四月二十三日，蔣介石接見尼克森特使墨菲，墨菲說，美國構想是用「雙重代表權案」取代「重要問題案」。新模式將宣示會籍普遍化原則，接著便指明「中國」有「雙重代表權」，但不說明何者是「中國」的唯一代表，因這個問題需要兩個中國自行解決。至於蔣介石最關心的安理會席次問題，墨菲坦言新的建議將會使「中華民國保留安理會席次」，墨菲的回應明顯已超出白宮的訓令和授權。蔣警告墨菲，如果美國提出新方案，必須保持中華民國在聯大及安理會的席次，因為這兩者「不可分割」。如果中華民國安理會席次被剝奪，那他別無選擇，只有「寧為玉碎，毋為瓦全」。

可是，當時尼克森和蔣介石都沒想到的是，幾乎就在蔣墨會談同時，周恩來給尼克森發來了秘信，中美秘密溝通突破，使美國與臺灣磋商變成無關緊要，尼克森頓時心思大變。一九七一年五月底，尼克森與季辛吉轉而認為「雙重代表權」的做法，對美國尋求與中國關係正常化的總目標是有反作用的。若採取「兩個中國」政策，既得罪中華民國，也得罪中華人民共和國，雙方都不會接受，這個問題的最終結果只能一個入會、一個退出，不可能兩者都在聯合國，當時美國國務院和蔣介石對尼克森與季辛吉改變想法，放棄「兩個中國」政策，都毫無所知。

季辛吉一九七一年七月九日秘密抵達北京後，他告訴周恩來，美國對中國代表權的新立場，同意中華人民共和國通過獲得簡單多數的方式加入聯合國，而且中國可以獲得安理會常任理事國席位，但是，排除中華民國需要聯大三分之二多數通過，即所謂「複雜的雙重代表權」方案。美國對中國代表權的政策發生重大轉折，當時美國還未就該方案正式與臺灣溝通，季辛吉卻先向中國透露了底牌。季辛吉說：「我們還沒有宣布這個政策。為了表達我們的善意，總統希望在我們實施之前，由我先和您討論此事。」季辛吉解釋，這只是一個階段性過程。周恩來並不領情「不認為重新恢復我們在聯合國的席位是個緊迫的事情。我們已經等了二十一年了，我們也就這麼過來了」。季辛吉回應，只要中國加入聯合國，那麼，獲得三分之二票驅逐臺灣，就只是時間問題；關鍵在於美中兩國都對這一安排心知肚明，達成默契，耐心等待。七月十一日，季辛吉臨行前，周恩來對於季所提出的新方案明確表示：「我們將反對這個方案，因為那意味著『兩個中國』。」季辛吉辯稱：「『一中一臺』是臨時性的提法。」周恩來回應：「臺灣也將反對它，同時，反對的聲音將會來自四面八方。」季辛吉舉手投降，他承認這將是結束這個問題的很好的方法。一九七一年七月十一日，臺灣在聯合國的命運在北京就已經鐵板釘釘了，只不過蔣介石和臺灣的外交官還不知道，但是，出乎周恩來和季辛吉預料，經過反覆溝通，到九月中，蔣介石竟然同意了美國這個方案。

一九七一年八月二日，美國國務卿羅傑斯正式發表了《關於中國在聯合國的代表權問題的聲明》，表示美國歡迎北京加入聯合國，但臺北不應被驅逐。蔣介石對美國支持中華人民共和國進入聯合國，擬以靜制動坐觀其變，「今日混亂世界是非不明，利害倒置，廉恥道義，利義掃地為尼丑者，吾人只有以靜制動、以正克邪，坐觀其變也」。此時，蔣已默認了美國這一實質是「兩個中國」的方案。九月八日，美國駐臺大使馬康衛通知外交部長周書楷，經與盟國磋商，美國決定遵照多數意見，修正雙重代表權案，直接表明安理會席次應給中華人民共和國。周書楷在九月十日向馬康衛提出正式回覆，對美國的決定「特別感到遺憾」，重申美國提出「雙重代表權案」時，中華民國必須公開聲明強力反對。但周書楷非常保密地告訴馬康衛，九月九日全天會議中，決策高層有一場激烈辯論。強硬派熱切地主張堅守原則，即使失敗了，也在所不惜。然而，國際派似乎佔了上風，說服蔣介石做出「痛苦」決定，不輕言退出聯合國，但華府不能期待蔣再做更多讓步，周書楷所言顯示蔣介石仍然彈性務實。周表示如果雙重代表權案通過的差距極微，中華民國政府在幕後可能積極運作爭取支持。羅傑斯向尼克森進言：「臺北已經好不容易才走到這一步，發展出更務實的外交政策，遠比許多人預測更進一步。」

尼克森在九月十六日公開宣布美國支持中華人民共和國加入聯合國，並取得安理會席次，同時，美國反對驅除中華民國，美國將盡力達成這個目標。蔣介石認為尼克森說要設法保持中華民國在聯合國的席次很虛偽，尼克森是「卑劣個性的小人」，使他「病胃痛全發也」。九月下旬，接連數日，蔣介石對是否留在聯合國再次陷入長考，其實蔣還在猶豫，不到萬不得已，他並不想退出聯合國。

尼克森在十月初多次告訴羅傑斯，聯合國問題由國務院領導因應，因為他正處理與北京的關係，不宜太直接介入，否則反像是在玩花樣對付北京。經過盟國間磋商，十月一日，美國宣布以「修正的重要問題案」為優先，即排除中華民國須聯大三分之二會員同意，先爭取聯合國大會半數同意；然後再通過「複雜的雙重代表權案」，將安理會席位給中華人民共和國，並讓兩個中國都有聯大席位。臺灣代表團同意這一戰術，只要能保住中華民國的聯大席位，蔣介石默認中華人民共和國取得安理會席位。

十月四日下午，羅傑斯正式在聯大發言支持中國入聯合國取得安理會席位，同時反對排除臺灣，「此舉為惟一切合二十年來所存在現實情況之公平辦法，使全體中國人都在本組織有代表」。羅傑斯剛在聯大發言支持中華民國後，白宮卻在十月四日下午宣布，季辛吉將於十月二十日飛抵北京，安排尼克森的訪問，明白向全世界宣告美國的意向何在。周書楷於十月五日上午獲悉季辛吉將再度訪問北京後震驚萬分，同日下午四點緊急約見羅傑斯，要求取消季辛吉北京之行。羅傑斯說服不了尼克森，就只好對周書楷敷衍了事，羅氏言不由衷地保證，季辛吉此行對代表權案不會有任何影響，事後證明結果完全相反。羅傑斯被排斥在美國決策核心之外，只能對臺灣做極不高明的欺騙。

一九七一年十月二十日至二十五日，季辛吉的第二次訪問北京對聯合國中國代表權的表決結果，有決定性負面影響。季辛吉在北京請周恩來注意尼克森並未公開聲明支持美國在聯合國的提案。季辛吉辯解，如果聯合國今年排除臺灣，會引起美國輿情波動，親臺灣勢力會與其他勢力結合，對尼克森與中國交往的政策不利，他寧可今年能以雙重代表權案處理。他向周恩來解釋，美方原來考慮走「兩個中國」方式，指出任何政府對一個地區行使管轄權者，都應該在聯合國有代表權，這就把臺灣置於和兩個德國、兩個韓國的同等地位，現在美國模式只說一個中國，但實際上有兩個政府。周恩來說，美國的「雙重代表權案」，北京反而容易應付，通過了，北京仍拒絕入會，「回家睡覺」。他擔心的是阿案，因為這個決議案不能列入有關臺灣地位的條款，如果通過，臺灣地位仍未解決。周恩來是有遠見的，阿案並沒有在聯合國確認臺灣的國際法地位，因為阿案根本沒有提到臺灣屬於中華人民共和國。周恩來告訴季辛吉，對中國來說，「我們肯定不會放棄臺灣，或者接受所謂的『臺灣地位不確定』來換取在聯

1971 年 10 月，外交部長周書楷帶領中華民國代表們，退出聯合國

合國的席位」。對於聯合國代表權問題，毛澤東也極為謹慎。一九七一年十月二十日晚，毛澤東在同周恩來開會時說：「美國是『計算機的國家』，他們是算好了的。在季辛格回到美國的那一天或者第二天，聯合國就會表決通過美國的兩個提案，製造『兩個中國』的局面。所以，還是那句老話：我們絕不上『兩個中國』的賊船，今年不進聯合國。」

實際上，季辛吉再度造訪北京，傳送尼克森視美中關係正常化為最高優先的訊號，掃除了「複雜的雙重代表權案」的任何希望。一九七一年十月二十五日晚上九點，第二十六屆聯大會議開始表決美國「修正的重要問題案」，結果是五十五票贊成、五十九票反對、十五票棄權。這樣，美國為保衛中華民國席位而設置的唯一一道防線被沖垮。接著，大會就沙烏地阿拉伯修正案進行表決，這項提案主張「一中一臺」，但沒有獲得多數國家支持。美國此時進行了最後一搏，提議阿案的「恢復中華人民共和國合法權利」與排除蔣介石集團代表這兩段分開表決，但這個提議也以五十一票贊成、六十一票反對、十七票棄權而告失敗。

對這一結果，蔣介石不是沒有考慮到，他早已向周書楷下達做最壞打算的指示。搶在阿案表決前，周書楷臉色鐵青，走向講臺，當場宣布中華民國退出聯合國。接著，第二十六屆聯合國大會以七十六票贊成、三十五票反對、十七票棄權的壓倒多數通過「第二七五八號決議」，決定「恢復中華人民共和國之所有權利，並承認其政府為中國出席聯合國組織之唯一合法代表，並立即驅逐在聯合國及一切與有聯繫之組織內非法佔據席位之蔣介石代表」。美國的「雙重代表權案」還沒有來得及付諸表決，就已成了廢案，這是聯合國成立以後美國遭受的一次「最慘重的失敗」。十月二十六日下午，蔣介石發表《中華民國退出聯合國告全國同胞書》：「第二十六屆聯合國大會違反憲章規定，通過阿爾巴尼亞等附匪國家之提案，牽引毛共匪幫竊取中華民國在聯合國及安全理事會中的席位；我們本漢賊不兩立之立場及維護憲章之尊嚴，已在該案支付表決之前，宣布退出我國所參與締造的聯合國」。這個聲明給臺灣民眾留下了蔣介石因「漢賊不兩立」而主動退出聯合國的錯誤印象，其實，中華民國即使不退出，也是會被趕出聯合國。

從一九六九年到一九七二年，尼克森政府在維持與中華民國的外交關係同時，積極開拓與中華人民共和國談判的管道，美國實際上實行的是「一中兩府」政策。從一九七一年七月季辛吉首次訪問北京到一九七二年二月尼克森簽訂《上海公報》，季辛吉和尼克森對中國的五大秘密承諾，徹底改變了美國對臺政策的框架，而中華民國在聯合國的席位就成為該改變的第一個犧牲品。雖然尼克森為了安撫國內選民而必須創造關心臺灣的表象，但他和季辛吉都不擔心中華民國的死活，或認真思考臺灣人民的意願。尼克森改變對臺政策，不顧蔣介石的妥協，放棄實施「兩個中國」政策的機會，封殺了臺灣的外交空間，直接導致中華民國被驅趕出聯合國。

5. 蔣介石準備成立「中華臺灣共和國」嗎？

一九七一年底，中華民國被迫退出聯合國之後，面對美國與中華人民共和國改善關係的致命威脅，為了確保臺澎金馬不落入中國之手，兩蔣開始考量「一中一臺」的可能性。一九七一年十月十四日，在聯合國抗爭的最後關頭，外交部長周書楷從紐約打電話回臺北請示：「如重要問題案未獲通過，我與美日必須有一緊急應變方案，在表決阿案前提出，力圖挽救，惟此項方案非至最後關頭絕不對外透露，以免影響目前為重要問題案拉票之工作。」周書楷報告的緊急應變方案是什麼呢？它就是沙烏地阿拉伯向聯合國提出的修正案。

沙烏地阿拉伯修正案提出：「中華民國，亦即臺灣島之人民，構成一個單獨之政治實體……中華民國，亦即臺灣島之人民，應保留其在聯合國及所有與其有關各組織內之席位，直至中華民國人民，亦即臺灣島之人民，能在聯合國主持下舉行復決或全民表決而就下開各項宣布其所做選擇時為止：一、以聯合國記錄之一項條約所確定之中立地位，作為一個

1971 年 10 月 31 日，蔣介石華誕留影（國史館）

主權國家繼續獨立；二、與中華人民共和國組成一個邦聯，其條件應由當事雙方商定之；三、與中華人民共和國組成聯邦，但須依照當事雙方所商定之議定書。」外交部次長楊西崑於十月二十日正式告訴美方，中華民國可以忍受沙烏地阿拉伯修正案。對於此「一中一臺」的方案，蔣介石都能忍受，就是為確保中華民國能夠作為一個獨立的主權國家在臺灣生存下去。

季辛吉在十月二十二、二十三日從北京發給白宮四封電報，堅決反對以沙烏地阿拉伯修正案作為後備方案，指出北京最不能忍受沙烏地阿拉伯的修正案要給予「臺灣」新地位。如果美國支持該修正案，美國與中國目前交流的基礎將受到破壞。季辛吉告訴尼克森，如果繼續提出「臺灣地位未定」或在聯合國中給予臺灣以新的法律地位，那麼，將使中國領導人認為美國出爾反爾，會嚴重損害目前美中對話的基礎。季辛吉警告尼克森，在聯合國中國代表權問題上要謹慎行事，不要以徒勞無功的政策毀掉苦心經營、來之不易的美中間脆弱的信任基礎。由於季辛吉的反對，使得美國不願推動沙烏地阿拉伯修正案。一九七一年十月二十五日晚，在聯合國大會否決了美國的「修正的重要問題案」後，大會就沙烏地阿拉伯修正案進行表決，這項提案沒有獲得多數國家支持。蔣介石反對臺獨，其實是擔心他在臺灣統治的合法性，害怕臺獨力量被美國利用，成為美國除去他父子的工具。但在萬不得已時，他甘願默認沙烏地阿拉伯修正案作為備案，接受「一中一臺」，只是為時太晚，蔣介石如果能早幾年與美國充分協商，推動這一提案就好了。

中華民國被迫退出聯合國後，一九七一年十月二十六日下午，蔣介石發表《告全國同胞書》宣布：「我們國家的命運不操在聯合國，而操在我們自己手中。」之後，駐美大使沈劍虹在一九七一年十一月十五日找季辛吉談「兩個中國」的長遠關係。季辛吉宣稱：「依我們的判斷，未來中華人民共和國與臺灣的關係，應由臺灣與中華人民共和國去解決。這是我們的政策，但是，誠如我所指出的，那並不影響我們現有的承諾。」沈劍虹問季辛吉，美國希望中華民國怎麼辦？季辛吉強調，美國要中華民國存活下去，保持它的身分與尊嚴，美國會盡力支持，使它留在盡可能多的國際組織，美國「不準備改變與中華民國的雙邊關係」。其實，季辛吉早已向周恩來秘密承諾，在尼克森第二任中期，斷絕與中華民國的外交關係。沈劍虹接著問，展望的時間是五年或十年？季辛吉回答說，十年太長，五年比較可能，但那是因為五年內有許多事情可能發生，例如，毛澤東死後，中國可能分裂成五到十個權力中心。

討論中國情勢可能的演變之後，沈劍虹又回到未來五年展望問題，他問季辛吉，那五年後臺灣是否有獨立分離的地位？臺灣的地位是否改變？季辛吉說，可能發生兩種情況，第一種情況是臺北與北京談判；第二種情況是臺灣日益發展成一個獨立的地位。還有一種情況是中國大陸爆發內戰，臺灣以後與其中一個派系結盟。面對難測的變局，沈劍虹問季辛吉，現在中華民國應該怎麼辦，要更加努力或坐以待變？季辛吉回應「你們有什麼選擇？」依他的見解，中華民國不應倉促採取行動，「任何會發生的事將是很緩慢的發生」，中華民國如果為避免死亡而自殺，那是很愚昧的事情。

沈劍虹追問，季辛吉是否看到「死亡」即將來臨？季辛吉回答：沒有。依他的判斷，如果中華民國自己堅定，情勢會有急劇改變。「我們無意撤銷對它的承認。」這次會談後兩天，季辛吉在會談紀錄上批示：此項備忘錄不再傳閱。季辛吉這裡對沈說的一套與他在北京對周恩來說的一套幾乎完全相反，真是見人說人話，見鬼說鬼話。沈劍虹是兩蔣的親信，他不可能未經授權而去找季辛吉談這麼敏感的問題。

1971 年 11 月 15 日，恢復聯合國合法席位後的中國代表團首次出席第二十六屆聯大會議

在沈劍虹見季辛吉的同時，國民黨中常會連續討論臺灣的前途和外交戰略。十一月十日，蔣介石警告國民黨中常會「中美共同防禦條約、中日和約將來亦未始無片面廢約之可能」。但他說：「當前最切要者：一為我基地防務之鞏固，一為必須注視敵人內訌之演變。」不久，與蔣經國關係密切的外交部次長楊西崑在十一月底又主動找美國大使馬康衛密談。楊說他向蔣介石提出的救臺灣策略是：第一，發表聲明，宣布在臺灣的政府與北京的政府毫無關係；第二，此項聲明應以新的政府名稱，即「中華臺灣共和國」名義發表；第三，聲明應指出，此項名稱所用的「中華」沒有政治意涵，只作通稱，標示臺灣的居民是漢人族群，有如「阿拉伯」國家在其國家名稱前加「阿拉伯」一樣；第四，在做此宣布後，應即凍結憲法，解散國會，改成國會一院制，國會議員三分之二歸臺灣人；第五，進行公民投票決定臺灣未來地位。楊說，高層有葉公超、蔣彥士認同這種想法，張群、嚴家淦、張寶樹和黃少谷對這種想法也持開放態度。馬康衛立即將此「最高機密」報告美國國務院，但似乎沒得到國務院回應。

面對美國對臺政策天翻地覆的轉變，一九七一年十月二十七日，蔣經國代表蔣介石召見國軍高層，指示「今後作戰一切以防守為著眼，關於反攻大陸的措施不必做太多的準備」。這是一九四九年後兩蔣對國軍軍事戰略的第一次明確轉變。十二月一日，蔣介石在日記中說：「今後打破尼丑險惡陰謀之道。第一，接受連任下屆總統，團結內部。第二，加強軍事與國防科學，力求獨立自保而已。」所以，蔣對臺灣前途的戰略定位很明確，就是「獨立自保而已」。十二月三十一日，蔣介石終於決定「反攻戰略重新部署，計劃與行動完全變更。此一自立自保，以退為進，以守為攻，以靜制動之戰略，至為重要」。至此，蔣介石明確放棄了「反攻復國」的舊國策，而確立「獨立自保」的新國策，可是臺灣民眾並不知道這一變化。一九七二年，在蔣介石的最後幾則日記中，他一再強調「邁向獨立自強之心理」，實際上開啟了「中華民國臺灣化」的歷程。

一九七二年三月六日，尼克森訪問中國回美後，沈劍虹去見他。尼克森敷衍沈劍虹說，儘管雙方有重大分歧，但蔣介石和周恩來都同意只有一個中國；因此，問題由兩方自己解決，至於如何解決，並沒有談及；他們（中方）認為那不是我們（美國）的事。季辛吉補充說，第一，美國重申對和平解決的關心；第二，美國提到「考慮到和平解決的前景」這個條件，「前景」這個字不是隨便用的。他們並沒有取得一張對臺灣用武的空白支票。尼克森又說，如果他是蔣介石，第一，他不會去質疑美國有承諾（指防衛承諾還存在），他會接受美國說法……美國處於一個微妙境地，因為（國共）兩個政府都認為那是內政問題。季辛吉插話道，北京不能預期或靠美國施加壓力以促成談判，或尋求解決模式。季氏說，第二，我們對前景應該務實。第三，就像他向沈大使說的，在未來四、五年，許多事情會發生，你們沒有解決問題的壓力。毛澤東會消失，周恩來會消失，或兩者都消失，因此，這並不是一個急需要在近程內解決的問題。也因此，如果你們驚慌或貿然從事，那將是錯誤之舉。尼克森經季辛吉的提詞，又補充說，如果他是蔣介石，第一，他不會挑起戰事；第二，他不會對美國宣示（臺灣防衛承諾仍有效）的聲明爭辯。尼克森重申美國不介入迫使兩岸解決臺灣問題，也反對使用武力解決。因此，如果他是蔣介石，他不會驚慌，也不會急於謀求解決。這其實是對沈劍虹與楊西崑非正式探尋的答覆。

五月三日，沈劍虹帶著蔣介石的保證再次見季辛吉。沈說，第一，中華民國政府的反共政策維持不變。第二，中華民國政府未與中共接觸，也無意與北京建立任何接觸。沈劍虹說，問題在看美國對美中關係要走多遠。季辛吉騙他說，美國「無意超過目前的地步」，並保證在可預見的未來也是如此。由此可見，尼克森與季辛吉用拖字訣和謊言來打消兩蔣宣布「中華臺灣共和國」獨立的念頭。

一九七二年七月二十二日午後，蔣介石心臟病發作，出現心肌梗塞，從此不再視事，臺灣正式進入蔣經國時代。美國大使館立即注意到蔣經國內閣中臺灣省籍閣員很多。八月二十四日，沈劍虹又去找季辛吉，再次抛出中華民國「獨立」的主意，他說，有些中華民

1972 年 5 月 30 日，蔣經國宣誓就任行政院院長（國史館）

國的友邦說，我們應該成為獨立國家。季辛吉一聽問題嚴重，立刻施以緩兵之計，宣稱他不認為需要如此。在美國大選後，事情會改變。臺灣那樣做會在美國造成極大問題。是他的話，他寧可等待，中華人民共和國可能改變立場，中、蘇可能爆發戰爭。沈劍虹安慰他說：「我們一向保持安靜，從來不洩密。即便是情況很惡劣，我們也保持安靜。」沈劍虹與楊西崑的這些試探恐怕不只是他們個人的意思，而是兩蔣授意的，但美國不願幫忙，因為尼克森和季辛吉已經向周恩來秘密承諾美國不支持「兩個中國」或「一中一臺」的方案，也不支持「臺灣獨立運動」，但兩蔣並不知情。而沒有美國的明確支援，兩蔣就不敢宣布「中華臺灣共和國」獨立。

蔣介石在晚年，放棄了要求各國必須在「兩個中國」之間做選擇，他接受讓兩者都加入聯合國和讓中華人民共和國取得安理會席位。蔣介石甚至準備自己宣布臺灣獨立，實行「一中一臺」。但是，再有創意的外交方案也未必抵擋得了尼克森、季辛吉帶來的震撼。美國與中國達成的「上海公報體制」，封殺了中華民國在國際社會的合法性，也框限了臺灣的國際空間。在美國的反對之下，蔣介石無法推動「中華臺灣共和國」獨立。蔣介石是一個現實主義領導人，他懂得在關鍵時刻退讓。但中華民國退出聯合國四十多年後，臺灣仍在「日益發展成一個獨立的地位」，這是當時誰也沒有料到的。

小結

一九六九年初尼克森上臺後，蔣介石很快體認到美國對臺政策的變化，他清楚認知美國政策趨勢的改變，臺灣沒有辦法遏阻美國追求符合其安全利益的目標，可是，蔣介石沒辦法撕破臉，公開否認尼克森是朋友，因為臺灣只有美國這個表面上的盟友，日本更不可靠，蘇俄又談不攏。當時他在決策時，通常找蔣經國、副總統嚴家淦、總統府秘書長張群、國家安全會議秘書長黃少谷、外交部長魏道明或周書楷等商討，宋美齡幾乎都不參與。一九六七年二月一日，蔣介石明令設置國家安全會議，為「動員戡亂大政方針的決策機構」，黃少谷為國安會秘書長。但實際上，蔣介石主要與蔣經國商量，這同尼克森與季辛吉、毛澤東與周恩來的決策模式相似。

蔣介石公開聲稱「漢賊不兩立」或「寧為玉碎，毋為瓦全」，這是他內心希望實施的理想主義原則，也是他對內維持法統的工具，但他是一個現實主義領導人，懂得在關鍵時刻退讓。難怪美國外交官們對蔣介石「在決策上堅守原則並兼採彈性策略之表現，莫不同感欽佩」。另外，「漢賊不兩立」的原則也成為蔣介石對美交涉的一種策略，促使美國外交官們有對不起他的負罪感，從而被迫假戲真做地在聯合國為他拉票。

一九七〇年，經驗老道、嗅覺敏感的蔣介石對尼克森忐忑不安，預測到尼克森可能改變對中國的政策，但他並未努力嘗試先制行動，也未能有效號召其美國支持者加強對中華民國命運的關切。蔣除了抱怨尼克森軟弱無力外，沒有太多動作，拖字訣變成蔣介石策略的中心要素，他冀望中共內部發生一些事件來阻撓美中修睦。另外，臺灣的外交官們很快發覺白宮布下的保密網，根本無法突破，這成為他們沒有作為的最佳托辭。一九七一年四月，沈劍虹替換周書楷出任駐美大使後，蔣介石不再讓孔令侃參與對美國國會的遊說工作，改派駐美軍事採購組胡旭光將軍任大使館參贊，負責對國會遊說，事後證明這一任命十分成功，但一九七一年夏秋，美中秘密外交的關鍵時刻，臺灣對美國國會的遊說出現空檔，非常無力。一九七一年夏，蔣介石一度重病，這也影響了臺灣外交決策效率。蔣介石沒能有效地阻止尼克森與毛澤東通過談判《上海公報》來框限臺灣國際生存空間。

一九七一年秋，蔣介石為了確保中華民國留在聯合國，對美國一再退讓和遷就，同意「雙重代表權」和中華人民共和國取得安理會席位，放棄了要求各國必須在「兩個中國」之間做選擇，但這為時已晚。他再有創意的外交策略也無法抵擋得了尼克森、季辛吉帶來的震撼。尼克森為了早日結束越戰而秘密改變對臺政策，不顧蔣介石的妥協，放棄實施「兩個中國」政策的機會，封殺了臺灣的外交空間，直接導致臺灣被驅趕出聯合國。當時，如果二十六屆聯大通過美國兩項提案而讓中華民國繼續留在聯合國，會對尼克森順利訪問北京造成極大困擾，這是尼克森不願意看到的。不過，由於當時票數非常接近，如果二十六屆聯大通過美國的兩項提案，蔣介石為此準備的聲明會如何對國內外解釋他留在聯合國，接受「兩個中國」的決策呢？蔣介石晚年試圖改變中華民國國家戰略，逐漸在心態上和戰略上接受「兩個中國」的前景和外交安排，可惜這種轉變來的太晚和太慢。

一九七一年底，中華民國被迫退出聯合國之後，面對美國與中華人民共和國改善關係的致命威脅，蔣介石把臺灣的國防戰略從進攻戰略調整為保衛臺灣的防守戰略後，實際上放棄「反攻復國」的舊國策，確立臺灣「獨立自保」新國策；同時，為了確保臺澎金馬不落入中國之手，兩蔣開始考量「一中一臺」的可能性以應對中華民國在國際上失去合法性的困境。與蔣經國關係密切的外交部次長楊西崑與駐美大使沈劍虹幾次主動找美國大使馬康衛和季辛吉密談，徵求美國對臺灣獨立的意見，但美國人不予理會。蔣介石曾經深信美國要扶植臺獨勢力殺害其父子，出賣臺灣給中共。雖然擔憂對內統治的合法性，但事在人為，如果是他自己領導臺灣獨立，則另當別論，所以，儘管有心理障礙，在萬不得已時，蔣介石並不完全排斥自己對外宣布獨立的可能性。可是，在美國的反對下，蔣介石無法推動「中華臺灣共和國」獨立。他如果能早幾年與美國充分協商，推動這一方案就好了，不過，這是「事後諸葛」，不是史實。蔣介石晚年處理外交和國防戰略是非常靈活和實用的，臺灣歷史學家們卻沒給他這一表現應有的評價。

一九七二年中，面對「上海公報體制」造成的中華民國合法性危機，蔣介石為保衛臺灣的事實獨立，被迫啟動「中華民國臺灣化」的歷史進程，甚至可以說蔣介石不自覺地促成現代臺灣的誕生，或許他是現代臺灣史上令人意外的國父。一九七一年十二月一日，蔣介石在日記中對臺灣清楚定位，就是「獨立自保而已」，明確放棄「反共復國」目標。一九七二年春，蔣介石在最後幾則日記中，一再強調「邁向獨立自強之心理」。至此，蔣的國家定位已經發生了根本轉變，可是臺灣民眾並不知道。其實，這一轉變有其深遠歷史意義，在此之前，在蔣介石眼中，臺灣基本上是他的「反共復國」基地，服務於統一中國大陸此目的，此後，臺灣存在的目的變成「獨立自保」，臺灣才有了主體性。在蔣介石授意下，蔣經國就任行政院長後，有意識但謹慎地推動「中華民國臺灣化」，即推動臺灣政治體制民主化和本土化的開展，所以，中華民國被迫退出聯合國後，蔣介石如何思考臺灣前途和國家定位，對現代臺灣的形塑有著巨大影響，可惜因為檔案解密不足，後人對於他的思考和決策過程所知有限。

第三章
尼克森認知「一個中國」

引言

二〇一七年一月十三日，美國候任總統川普表示，在他看見北京在匯率與貿易措施上有所進步之前，不會恪守「一個中國」政策，「每件事都在協商，包括一中」。一月十七日，歐巴馬總統的副國家安全助理羅茲（Ben Rhodes）對此警告，「一中政策」不可談判，某種程度上美中整體關係受到「一中政策」約束，它是《上海公報》的基礎，所以已經經過談判。而歐巴馬總統則表示「基本上是中國和美國之間，及與臺灣在某種程度上，都有長期以來的共識，就是不改變現狀，臺灣和中國大陸採行不同的運作方式，中國視臺灣為中國的一部分，但中國也承認，必須將臺灣視為自有一套發展方式的實體來接觸交往。臺灣人同意，只要能以某種程度的自治繼續運作，他們不會朝向宣布獨立，雖然這樣的現狀無法讓涉及的任何一方都完全滿意，但這一直以來維繫了和平，並讓臺灣成為相當成功的經濟體，而臺灣人民也得以享有高度的自決……一個中國是他們國家概念的核心。如果想顛覆這樣的共識，必須想清楚後果，因為中國人處理這事件的方式不會和處理其他議題的方式相同……這並不是說你必須堅持過去所做的一切，而是意味著你必須想清楚，並對他們可能會採取的反應有所準備」。但是，《上海公報》實施四十五年後，美國真的不能重新審視「一中政策」嗎？我們先來回顧一下一九七二年美中談判《上海公報》的過程吧。

1. 尼克森為什麼背叛蔣介石？

一九六八年十一月，尼克森當選美國第三十七屆總統時，美國國內的政治共識因為日益激烈的反越戰運動而走向破裂，尼克森為了解決越戰和抑制蘇聯的擴張，不得不積極謀求與中華人民共和國改善關係。剛開始，尼克森依舊維持與中華民國正式外交關係，同時也主動尋求與中華人民共和國談判，他實際上試圖推行「兩個中國」政策。一九六〇年代末，美國對國際共產主義的冷戰戰略已不足以應付當時情勢，新總統須要重新界定美國在世界格局的重點，以維持其霸主的地位。尼克森和他的國家安全顧問季辛吉透過「秘密外交」的方式，實施結束越戰的戰略計劃，而中共是美國「秘密外交」的對象之一。最終，一九七二年二月尼克森訪問北京時，為了討好新朋友，他對毛澤東和周恩來許下了許多秘密承諾，嚴重出賣了臺灣、南越、日本和蘇聯的利益，其中以對臺灣的犧牲是最致命的，他放棄了「兩個中國」政策而改為認知「一個中國」。他推動的「上海公報體制」對後世美臺關係產生決定性影響，完全制約了臺灣的外交活動空間。當年臺灣外交上遭遇如此困境，尼克森背叛蔣介石無疑是最重要的原因。其實，尼克森當時可以採取後來雷根總統的方式，即與中國和臺灣建立相對平行和平衡的關係，而不以一邊倒地犧牲臺灣的利益來換取美中友好，但是，尼克森的做法完全相反。

尼克森在共和黨內屬務實派，意識型態雖反共，外交上卻奉行大國地域政治的實用主義。他在當選總統前，曾於一九五三年至一九六七年間，六次訪問臺灣，是美國總統中訪臺次數最多的一位。韓戰剛結束的一九五三年，他以艾森豪政府的副總統身分訪問臺灣，十一月八日，蔣介石夫婦親赴松山機場歡迎尼克森夫婦，邀其入住士林官邸，待以上賓之禮，「飲食、行動，一任其自便」。首次來臺，尼與蔣正式談話四次，共有十小時之多，宋美齡全程參與。蔣在日記中這麼紀錄他與尼的談話：「每次談話雖時間已到，而彼仍不忍終止，認為余之意見增加其新的思想，為其政府決定新政策時之寶貴參考資料也。」尼克森對蔣介石全心全意要解救中國人民，使其脫離共產黨統治的立場「印象良深」，但卻認為蔣的反攻計劃不切實際。他明確告訴蔣，美國軍力不會用來支持他的反攻行動。

第一次臺海危機後，一九五六年七月，尼克森副總統第二次訪臺。七月八日，蔣與尼會談時，蔣問他，如果中共在某地區有局部侵略行動，美國是否會準備採取行動？尼回答，若侵略行動可以確切判定，且規模不小，則抵抗此類侵略行動的舉措，必可獲得美國政府

1956 年 7 月 7 日，蔣介石會見美國副總統尼克森（國史館）

1956年10月5日，蔣經國會見美國中情局局長艾倫．杜勒斯（國史館）

圈內之有力支持。蔣認為，美國在遠東情況之下，絕不可後退一步，他請艾森豪總統特別注意，萬不可使敵人以為有商談妥協之意。在遠東，「中美利害與共，成敗一致」。關於此次與尼克森的談話，蔣認為「彼此可說暢談無間」。

一九六四年四月七日，尼克森以私人身分訪臺，受邀夜宿士林官邸，蔣尼兩度討論臺美協防臺灣之協定，並獲共識「非製造共匪攻我之事件與機勢，否則不能杜絕美國反對我反攻之口實也」。尼克森對媒體讚揚中華民國的反共決心，警告自由世界對共產黨不可退讓。一九六四年十一月二十四至二十五日和隔年八月二十八至三十一日，尼克森又兩次以律師事務名義訪問臺灣，但因故沒見到蔣介石。一九六七年四月十日，尼克森最後一次訪臺，這時他已在爭取成為共和黨總統候選人。蔣介石再次接見尼克森，就世界局勢及亞洲反共情勢交換意見。尼告訴蔣：「越戰如至明年不能解決，則其美國人民不耐，必皆厭戰，不惜任何代價，要求和平矣。」在此，尼克森明確警告蔣，美國會「不惜任何代價」求和，但蔣似乎沒有重視這項警告。

蔣介石對尼克森可謂投入過大量心血，據說尼克森於一九五〇年競選參議員時，受益於公關公司「聯合組合」贊助，而這家公司的大客戶是中華民國。一九五二年，尼克森曾經支持動用中華民國部隊打韓戰。一九六〇年，尼克森與甘迺迪競選總統時，尼曾誓言要否決以北京取代臺北在聯合國席位的任何企圖。一九六四年四月的那一次訪臺，尼克森作為百事可樂的代表，成功地說服臺灣對百事可樂開放市場。但尼克森對中華民國的同情心卻因臺北和北京的重要性起變化而逐步消退。一九六五年八月，尼克森在臺北告訴美國外交官恆安石（Arthur W. Hummel），中華民國政府絕對回不了大陸，華府也必須與中共改善關係。恆安石認為，尼克森在圓山大飯店裡說的這番話一定會被竊聽和報告到蔣那兒去，但沒想到此時的臺灣情報機關大失職，這段話並沒有傳到蔣耳朵，也因此蔣介石並未注意到尼克森的反共立場有了變化。尼克森在一九六七年四月最後一次會見蔣介石後，於同年十月《外交事務》（*Foreign Affairs*）雜誌發表文章，主張必須終止中國「憤怒的孤立」。當時中國正處於文革的混亂之中，這篇文章卻主張美國要同中國改善關係，可是蔣並未關注此文，再一次地錯失提前應變的機會。

一九六八年九月，尼克森接受共和黨總統候選人提名後不久，一反往常對尼的支持，蔣介石這回決定不贊助尼克森的競選活動，因為他覺得過去是遭受欺騙，十月十九日蔣反省道：「自始信賴美國為有正義公理之盟主，至今已二十七年。不僅國破家亡，人民塗炭，而且先人墓骨被毀，個人蒙受舉世侮辱，而以被美欺詐賣弄不知其極。此乃國、家、身世有史以來未有之恥辱，若不再醒悟興起，痛下決心，則光復無望，終成為美國之門犬，其將何以對國、對民與對先人在天之靈也。」可是，愧悔何益，他決定「惟有自今開始，對美絕望，決另起爐灶，以圖自救與自立，尚不為過晚乎！」十月二十一日，蔣介石召見中央銀行總裁徐柏園，商談外匯存款一事，專門指示：「應分存各國至少二億美元，隨時動用，不可專存一國（美國），為其所控制。」蔣當時正與蘇俄秘密談判南北夾擊中共，他想改變臺灣吊死在美國一棵樹上的困境。

一九六九年至一九七二年間，影響美國對臺政策的主要因素是中國由於本身生存需要而改變了對美政策，以及美國對其全球戰略利益的調整。此兩大因素相互影響，造成美國對臺政策的改變，進而使臺灣在外交上遭遇到困境。為了盡快結束越戰，尼克森與季辛吉討好中國而出賣臺灣利益，這樣的行為嚴重傷害了臺灣對美國的信任，對臺美關係播下持久不信賴的種子。就尼、季而言，與中國關係正常化的地緣政治意義極其重大，因此務必排除一切障礙。尼克森瞭解要安撫國內政治選民，他必須創造關心臺灣的表象，因此尼克森在改變對臺政策時主要的顧慮是國內反應，他並不擔心蔣介石政府的死活，也不考慮臺灣人民的意願，但對美國國會的立場卻很在意，國會對臺關切的態度阻止了行政當局更傾向中國。

一九七一年七月三十一日，面對季辛吉秘密訪問北京的衝擊，蔣介石分析尼克森為什麼背叛他：「尼丑未當選以前，來臺北相訪，滿懷我協助其選舉資本，應其未先提，而我亦未提也，此等政客，成事不足，敗事有餘，此乃吾妻專聽（孔）令侃一面之詞所致。今國患至此，令侃之罪不小也。」孔令侃是宋美齡的外甥，長期在華府對美國官員和議員秘密遊說。九月二十八日，蔣記曰：「尼丑昔年在慈湖晤談時，視為其可厭之政客，以輕薄待之，並未允其助選。彼乃以此懷恨在心，但此類小丑，喜怒不足為計，而得失安之於數可也。惟對小人之待遇、方法，由此事得一經驗耳。」隔日又記：「寧可善待於君子，切勿得罪於小人。尼丑今後必有更大之陰謀，以圖報復。不但要毀滅國家，出賣於共匪，而且已扶植臺獨，要殺害我父子生命，以償其私願。」這是當時蔣介石對尼背叛他的原因分析，與歷史學家們的看法很不相同。

尼克森因為要結束越戰和制衡蘇聯，對中國秘密出賣臺灣。如果沒有「水門案」，尼克森準備在第二任中期與北京建交。尼克森由於不信任官僚機構、志在親掌外交，形成了同季辛吉的「二人決策」。他們通過幕後管道與毛、周直接聯絡。尼克森以「國家安全」為理由，在核心談判上，對國務院排斥和隱瞞，也沒有向國會通報信息。如此保密，是尼克森最終失敗的制度根源。採用「秘密外交」，與尼克森的個性不無關係。在內心深處，尼克森缺乏對官僚機構的信任和不願與他人分享榮譽。尼克森和季辛吉的這種「秘密外交」

深刻影響了美中臺關係的長遠發展。

尼克森有意識型態的包袱、個人的經驗和政治的本能，使他在中國及臺灣問題上的立場更形複雜。他曾經與蔣介石關係密切，也和國會裡的中華民國遊說團中堅分子並肩共事，更受惠於右翼、親臺的資金協助，但是，身為總統的尼克森，冷戰的需求和選戰的考量變得更加強烈。臺灣不能被忽視，但也不能阻擋他突破美中外交僵局。可是，尼克森的手法有諸多缺失，從根本上傷害美國的可信度，對美臺關係及美中關係播下持久不信賴的種子。

尼克森和季辛吉過度企盼達成目標，以致他們的承諾太大、妥協過甚、讓步更根本，超過美國人民所能接受的地步。因此，他們倚賴保密和「中國熱」來掩飾連帶損失，結果就是，數十年來歷史紀錄不足、也不正確。就尼、季而言，與中國建立正常化關係的地緣政治意義重大，因此可以排除一切障礙。雖然尼克森瞭解要安撫國內政治選民，他必須創造關心臺灣的表象，但他和季辛吉都不擔心蔣介石政府的死活，或認真思考臺灣人民的意願。今天能夠找到的紀錄，的確顯示尼、季根本很少想到臺灣，卻對毛、周的觀感非常在意。

2. 季辛吉為什麼出賣臺灣？

一九七一年七月一日，季辛吉出發去北京的前夕，尼克森與季辛吉商討會談策略。對行前的準備，尼克森最不滿意的就是對臺灣問題的表述，認為季辛吉準備的立場「不夠強硬」，他特別提醒季辛吉：「不到迫不得已，不要表達我們放棄對臺灣支持的意願……與中國人的會談，不能讓人看起來是我們在出賣臺灣。」尼克森特別告戒：總的來說，應當讓中國人對美國願意在臺灣問題上讓步的意願「捉摸不定」，不能看起來像是「拋棄了老朋友」。此外，尼克森還提出「掛鉤」策略：「我們在臺灣駐紮的六千名士兵，直接與我們在南越的作戰行動相連。所以，如果越南戰爭問題解決了，那些軍隊也就不再需要了。」言外之意是，如果中國想要美國從臺灣撤軍，那麼中國領導人就得做北越的工作，協助美國盡快「光榮而體面地」結束越南戰爭。尼克森還特別指示：在會談中有關「一個中國」與「兩個中國」的問題，「應只提一次」，而不是如季辛吉所準備的要貫串全部談判。

當天下午，季辛吉還特意會見中華民國駐美大使沈劍虹，季辛吉首先說：「美基本政策為以匪制俄，故不影響美對我友好關係，明知美如此做法增加我方困難，但此絕非美本意。」季辛吉強調美國絕不出賣朋友「尼總統對我總統及我政府之友誼極深，對我當其在野時之溫暖招待又每念念不忘，其決心盡力維護我在聯大席位，實不容懷疑」。季辛吉專門找沈劍虹，為即將到來的對臺衝擊做預警，但卻藏了一手，沒有透露幾天後他就要與周恩來會面，而沈並不機敏，沒有領會到季辛吉找他的深意。

一九七一年七月九日下午，季辛吉同周恩來會面時首先表示「尼克森總統已授權我告訴您，美國不會在沒有事先同你們商討並考慮你們意見的情況下，採取任何有損你們利益的重大舉措」。類似的話，他才剛剛對沈劍虹說過。面對季辛吉的保證，周恩來馬上回應「對於臺灣問題，我們不得不指責你們政府」。這指責的根源，必須回到一九五〇年年初，當時的美國政府認為臺灣問題是中國的內部事務，並聲稱對臺灣沒有領土野心，不會干涉中國的內務，讓中國人自己解決。沒多久朝鮮戰爭爆發，美國卻包圍了臺灣，宣稱臺灣地位未定，以至於直到今天，國務院發言人仍堅持這一立場，這是問題所在。如果這個關鍵的問題得不到解決，那麼整個問題都很難解決。周恩來說：「要承認中國，美國必須無條件地這麼做：它必須承認中華人民共和國是中國的唯一合法政府，毫無例外……臺灣是中國的一個省，已經歸還中國，是中國領土不可分割的一部分。」周恩來接著要求「美國必須在一個有限的時間內，從臺灣和臺灣海峽撤出全部的軍事力量、拆除所有軍事設施。這是自然的事情。當然，在中華人民共和國和中國人民看來，美國和蔣介石之間，由杜勒斯在一九五四年簽訂的條約是非法的，我們不承認，就臺灣問題來說，這是關鍵的」。周恩來這番話，是按照中共中央政治局一九七一年五月的決議，向季辛吉拋出中國在臺灣問題上的立場，這個立場在此後四十多年都沒什麼變化。尼克森和季辛吉早已料到，在與周恩來的會談中，臺灣問題是不得不接過來的燙手山芋。

在訪問之前，季辛吉認為中國對美的積極姿態，不是因為要從根本上解決臺灣問題，而是為了同美國建立對抗蘇聯的國際態勢，目的在於解決中國的安全問題。他原以為周恩來會首先提出最容易獲得解決的焦點，即撤走美國軍隊，但聽完周的這番話後，季辛吉頓時陣腳大亂，慌張地回應：「總理的評論超出了我們先前聯絡中交換的意見。在這些聯絡中以及我們的華沙會談中，您說到從臺灣和臺灣海峽地區撤出駐軍和軍事設施，您今天還說了一些官方的政治性宣言。」周恩來回答：「這是因為如果要交換看法，每一方就必須把對問題的全部看法都說出來。」可見，周恩來只是做一個政治正確的官方宣言，並沒指望季辛吉全盤同意，可是，季辛吉誤解了周的意思。

面對周恩來的攻勢，季辛吉似乎將尼克森臨行前的那些關照忘得一乾二淨。喘定之後，季辛吉取巧地向周提出，對臺灣問題的討論可以分為「臺灣和臺灣海峽的軍事問題、臺灣和中華人民共和國的政治關係演進」兩個部分，但是，老練的談判對手立刻聽出其中的不妙，周恩來打斷他說：「這不同於我們的看法。我們堅持，我們同臺灣的關係是中國的內部事務。我們在華沙會談中屢次重申這一點；並且在所有公開的聲明中，我們也始終保持同樣的立場。」周恩來接著威脅說：「如果要在我們中美兩國間建立關係，美國必須承認中華人民共和國是中國的唯一合法政府，而臺灣是中國領土不可分割的一部分，必須回歸中國大陸。在這些前提下，美蔣條約將不復存在。」

季辛吉趕緊說：「我明白您說的關於建交的問題，但是先讓我談談在我們沒有外交關係的情況下，臺灣在我們關係中的狀況。」季辛吉有些自亂陣腳，沒能堅持尼克森交代的策略，他首先表示，美國在削減駐臺軍力方面已經做了主動，例如：終止軍艦在臺灣海峽巡邏，從臺灣撤出一隊空中加油機，並削減了百分之二十的駐臺軍事顧問組成員。接著，他向周說明：美國駐臺軍事力量由兩部分組成，三分之二的軍隊同美國在越南的軍事行動相關，其餘三分之一用於協防臺灣。美國從臺灣的撤軍計劃是：在越南戰爭結束後的一個明確的、較短的時間內，撤出與臺灣無關的三分之二軍隊；隨著中美關係的改善，美國將逐步減少其餘駐臺軍隊。他討好地說：「如果這樣做的話，軍事問題不會成為我們之間的原則性障礙。」他還果真讓人「捉摸不定」地告訴周「這是尼克森總統的私人決定，還沒有經過我們的官僚機構和國會的討論」。這句話的含意是：美國國會對尼克森有所掣肘，因此，撤軍計劃並非板上釘釘之事，中國不要太強硬而得罪美國國會。季辛吉在同中國交往中很愛玩「國會牌」。

至於臺灣問題的政治方面，季辛吉明確表示：「我們不支持『兩個中國』的解決方案或『一中一臺』的方案。」但對於美中建交，則是不急於同中國建立正式外交關係。當然，如果雙方能夠達成基本的共識，也不會阻撓雙邊關係朝著這個方向發展。季辛吉企圖把發展美中外交關係的責任推到中國一邊，迫使中國在建交的條件上做出妥協。他強調：就臺灣而言，「實施軍事步驟比實施其他需要更長時間完成的步驟更為容易」。季辛吉在開場白就給了北京超乎預期的東西，他只差沒有當下正式外交承認中華人民共和國。

針對季辛吉的表態，周恩來對美國不支持「兩個中國」、「一中一臺」表示讚賞，認為兩國建立外交關係的前景很有希望，「我明白需要一段時間，但是留給尼克森總統的時間並不多了」。尼克森總統任期還剩一年半，如果連任，則是五年半，那就到了美國建國兩百年的時候，所以，周恩來說，中美建交的時機已到，「如果這個問題解決了，這就成為影響他能否連任的因素之一」，周恩來直搗尼克森的軟肋。

季辛吉當然心知肚明，但如果他承認這點，豈不讓周握住把柄，成為要價的砝碼！於是，他立刻否認：「我們對中華人民共和國的政策與總統的連任沒有關係。世界和平不能沒有中華人民共和國的參與，這是尼克森總統畢生的信念。這些決定是基於美國的永久利益而做出的，並非尼克森總統的個人利益。」他又急切地問：「總理是否將總統與毛澤東主席的會面，同實現建立外交關係相聯繫？或者，兩者是否可以分開？」周恩來回答：「並不是絕對的……建交可以讓他們的會談更輕鬆。但是，如果你們需要一些時間，我們也能理解。」看到周恩來並非咄咄逼人，季辛吉馬上討好地說：「我把我個人的推測告訴總理，如果東南亞的戰爭結束，我們能夠在這一屆總統任期內基本解決涉及臺灣的軍事問題。我們肯定能在總統第二任期的初期階段解決政治方面的問題，當然，我們之前會先朝著這個方向努力。」就這樣，季辛吉交出了撤退在臺美軍和美中建交的時間表，但他卻沒要求中國承諾放棄使用武力，還沒討價還價，他就把尼克森的底牌掀了。

季辛吉的信誓旦旦，仍不能讓周恩來放心。周追問：「貴國政府對於所謂的臺灣獨立運動，是什麼態度？美國政府的一些人、中央情報局和五角大樓，是否給予了支持？」對此，季辛吉出人意料地回答：「臺灣人？我們不會支持。在世界上很多人的頭腦中，中央情報局的能力都被誇大了。」季辛吉向周恩來保證，他會努力「管好」美國的情報部門，美國不會支持「臺獨」。周恩來說，他很重視季辛吉所陳述的美國未支持、將來也不會支持所謂「臺灣獨立運動」，周恩來還提及彭明敏已經到美國，要求季辛吉不准他活動。季辛吉與周恩來在北京的第一次會談，持續了將近七個小時，對於臺灣問題，一守一攻，季辛吉被逼到死角，毫無招架之力。雖然當晚的會談持續到十一點半才結束，周恩來還是連夜去向毛澤東匯報，當周恩來講到美國還想在臺灣保留軍隊時，毛澤東表示：「猴子變人還沒變過來，還留著尾巴，臺灣問題也留著尾巴，它已不是猴子，是猿，尾巴不長。」

七月十日中午十二點至七月十一日上午十二點，季辛吉與周恩來又進行了三次會談。七月十日，周恩來提出：「臺灣問題的解決，不能將軍事方面的撤軍同臺灣的政治地位及歸屬問題分開，軍事與政治兩方面應同時、同步解決。若要實現中美關係改善、臺灣問題在政治上得以解決，美國政府應做到以下幾點：承認中華人民共和國政府是代表中國人民的唯一合法政府，以及承認臺灣屬於中國、是中國不可分割的一部分，在第二次世界大戰結束後已經歸還中國。正如你昨天所說，美國不支持『兩個中國』或『一中一臺』的政策，並且不支持所謂的『臺灣獨立運動』。此外，你昨天已經明確指出，你們的國務院發言人不再重複他所說的：『臺灣地位未定』。」

周恩來接著質問：「如果這些問題不在尼克森總統訪華期間得到解決，那麼，他訪問的成果將是什麼呢？」不等季辛吉回答，他話鋒一轉：「當然，我們並不將此作為總統訪華的前提，但是我們認為朝著這個方向的努力應當成為總統訪問的成果，因為我們一直認為臺灣問題是我們的內部事務，必須由我們自己來解決。如果這些問題被擱置，那麼，存在於我們雙方的緊張關係將會持續下去。」周恩來寸步不讓，不惜以犧牲中美關係緩和為代價，警告季辛吉：尼克森來訪並不意味著中美關係將有實質性突破，除非他接受中國解決臺灣的方案。

周恩來進一步說：如果美國還沒有決定採取哪些政策、沒有提出一個明確的計劃，而是走一步看一步，那麼，結果很可能是日本插手臺灣，這是因為「一旦美國先從臺灣撤出部分軍隊，再觀望下一步將會發生什麼，那麼，蔣介石就會明白你們在做什麼，就要另尋他途了……如果他覺得美國靠不住，他就會找日本，而日本自己也想捲進臺灣，並且已經認為臺灣在它的安全範圍之內」。原來，周恩來在指導季辛吉如何瞞騙蔣介石。

面對周恩來一再逼迫，季辛吉只好就範，他表示，美國的時間表是在尼克森的本屆任期內解決一部分，其他留待下任的前兩年完成。他保證，尼克森會向毛澤東重申：「我們不支持『臺灣獨立運動』，不支持『一個中國、一個臺灣』，不支持『兩個中國』的解決方案。」對於「臺灣屬於中國」，季辛吉認為其他三點要求滿足之後，這一點自然就實現了，因此，「只有一點我們要等到總統大選之後，這就是正式承認中華人民共和國是中國的唯一合法政府」。季辛吉澄清，美國對緩和與中國關係是有決心的，並非出於詭計，因為它非常重要、事關其他所有問題。但是季辛吉避免直接和明白地承認臺灣屬於中華人民共和國，因為根據國務院對《舊金山和約》的法理分析，他無法直接宣布臺灣是中華人民共和國的一部分。季辛吉與周恩來還討論了美國對聯合國中國代表權的新政策。

接著，在周恩來的追問下，季辛吉重申對於「臺灣獨立運動」的態度：「我們不會給予任何支持，無論是直接的還是間接的。我們不能為沒有美國參與、沒有美國支持的事情負責，但是，我們不會以任何形式支援它。」季辛吉討好地說：「如果您有任何關於美國支持它的情報，請告訴我，我會立即制止。」季辛吉還表示，尼克森政府不僅不會支持「臺灣獨立運動」，而且絕不會支持國民黨政府對中國大陸的進攻。他特別說明：「從技術上講，如果沒有我們的支持，他們無力入侵大陸。」

七月十一日，季辛吉臨行前，周恩來再次提到了臺灣問題，並在中方提出的五點要求之外，又提出兩點：第一，中美建交時，美國和蔣介石之間簽訂的臺美「共同防禦條約」必須廢除；第二，針對日本，美國必須承諾，在美軍撤離臺灣之前不能讓日本的軍事力量進駐臺灣，並控制日本不參與「臺灣獨立運動」。對於第一點，季辛吉表示，美國政府非常希望臺灣問題能夠得到和平解決，對於「廢約」的要求，在日後美中關係的發展過程中，自然會得到解決。季辛吉這裡提出一個因果關係：如果中國和臺灣和平統一，則臺美「共同防禦條約」會最終廢除，周恩來當時默認了這種因果關係，可是後來卡特總統沒有堅持這一關係。對於日本，季辛吉承諾「只要在我們能夠控制日本的程度之內，我們將反對它這麼做。」

季辛吉同周恩來會談，算不上真正的「外交談判」，他對臺灣問題不經爭取便認可了中國的主要立場。事後，為了掩飾其不戰而降的作為，季辛吉狡辯：中國人的談判手法，就是盡可能確定一項合理的主張，一步就跨到那裡，然後堅持立場不變。這讓他感到耳目一新，受益匪淺。因此在同周恩來的談判中，他也盡量使用這種「先發制人的讓步」。這種方法的好處是：一步跨到一個合理立場，明確無誤地擺出無可改變的姿態，相比於那種曠日持久、零敲碎打的細小步伐的讓步，這種方式更容易維護自己的立場。結果，季辛吉完全違背尼克森對他的事先指示，直接向周繳械投降，亮出底牌，而周卻堅持立場一成不變。季辛吉曾將美中蘇的「大三角」戰略稱為「均勢」遊戲，這場遊戲的勝局，關鍵在於實現美中關係正常化，為了贏得周恩來信任，臺灣就被犧牲了。

一九七一年七月十一日晚上，中共政治局召開會議，研究中美會談，毛澤東和周恩來得意地認為中美很快就會建交，此後，臺灣既孤立、又弱勢，很快就會崩潰。中美會談時，周恩來曾清楚地表示：「臺灣省是中國領土不可分割的一部分，必須回歸祖國。」對此，季辛吉回答：「身為歷史學者，我的預測是，政治演變可能朝著周總理指給我看的方向發展。」季辛吉擔保「我們不阻擋這一基本的演變」。與季辛吉會談後，周恩來歡欣鼓舞地認為目標已近，美國不會擋路，臺灣即將成為中國的一個省，可是，這並未發生，毛澤東和周恩來後來覺得被季辛吉誤導了。

回到加州後，季辛吉向尼克森報告，得意地預測此事一宣布將震撼全球，「在臺灣造成暴亂」。他建議對臺灣「減低損害」，即便「我們預見到未來幾年的政治演變」，也應重申外交關係及防衛承諾，只不過，對臺灣的未來不抱有任何幻想。他強調「我們同中國任何其他人的交往需要有信用、準確性、策略。如果我們能掌握這個過程，我們將製造一場革命」。尼克森誇獎他「歷史會將你的這次訪問銘記為本世紀最重大的外交政策成就」。一九七一年七月十五日晚上，尼克森電視演說時卻宣稱「我們謀求同中華人民共和國建立新的關係的行動，不會以犧牲我們老朋友們的利益為代價，這不是針對任何其他國家的」。

七月十五日晚，美國國務卿羅傑斯告知沈劍虹，「吾人絕不背棄朋友……美總統將對貴我兩國關係更形密切，並對兩國共同防禦協定堅守不渝……吾人自可瞭解貴方之震驚，惟希不因此而影響兩國之關係」。當晚，在被通知季辛吉訪問北京後，日本駐美大使牛場信彥嚴厲譴責美國不該如此對待中華民國，羅傑斯欺騙牛場「季辛吉與周恩來會談時未涉及臺灣問題，亦未提及聯大代表權問題」。

當時臺灣各界對季辛吉訪問北京大為震驚和氣憤，許多人一度對臺灣前途失去信心，但是社會很快安定下來，並未發生季辛吉預測的暴亂。七月十六日，尼克森特別寫給蔣介石一封道歉信，對派密使前往北京，事前不及與蔣商談表示抱歉。蔣介石決定置之不理，「否則彼將宣傳其出賣我國民得我諒解矣」。七月二十七日，在華府，沈劍虹去見季辛吉，季的談話內容充滿矯情和謊言。季辛吉說，與報紙報導相反，美中雙方「對臺灣問題並無秘密交易」，但事實上，季辛吉向周恩來做了五點承諾，並保證尼克森會向毛澤東重申。季辛吉告訴沈，依他「個人評估」，北京當局相信臺灣是一個「歷史問題」而不是「軍事問題」，那需要幾年時間才能解決。九月八日，蔣介石聽蔣經國報告巡視馬祖各離島軍情，記曰：「據報一般士兵並未受美尼對匪諂媚之影響，認為出乎意外云。余則認為只要社會與教育安定，則軍隊士氣不致受外交之影響也。」臺灣社會能安穩度過這場海嘯，確實讓周恩來和季辛吉跌破了眼鏡。

3. 簽署《上海公報》前，尼克森與毛澤東談了什麼？

一九七二年二月二十一日，尼克森剛到北京，只能在臺灣乾著急的蔣介石在日記中記道：「下午尼丑帶季辛吉往訪毛賊，約談一小時而未有羅傑斯，是其形同偷訪。」事實上，毛澤東的健康狀況，給尼毛會增添許多不確定因素。一九七一年的「九一三林彪事件」對毛澤東打擊沉重，此後，他的健康迅速惡化。一九七二年一月十日，毛澤東冒著嚴寒出席外交部長陳毅追悼會，回來後，毛心情沉重，難以休息，外加感染風寒，病情急轉直下。二月十二日凌晨，由於肺心病，在心律失常情況下嚴重缺氧，毛澤東突然休克，此後毛的健康一落千丈，身邊時刻都要有人員陪伴，而且隨時需要氧氣機。在毛澤東突然休克後的九天，即二月二十一日，尼克森來訪，而美方完全不知道毛澤東的健康已亮起紅燈。當時在毛澤東會見尼克森的書房門後，醫生們備妥所有搶救用的藥品，甚至連搶救用的強心劑都事先抽在針管裡，在毛澤東與尼克森談笑的這段時間內，門後的醫生們其實精神一直緊繃著，會談結束後，毛澤東感到十分疲憊，先在沙發上休息了三十分鐘，才上床睡覺。

二月二十一日下午二點三十分，尼克森一行剛到北京，周恩來總理就通知季辛吉：「毛主席想馬上見總統。」尼克森、季辛吉立刻瞞著國務卿羅傑斯和其他美國官員去見毛澤東，

1972 年 2 月 21 日，美國總統尼克森訪問中國

尼甚至連自己的翻譯都沒帶，「形同偷訪」。尼克森和季辛吉來到中南海一個陳設簡單、放滿書籍和文稿的書房，毛澤東開口對尼克森說：「昨天，你在飛機上給我們出了個大難題，說是我們幾個要吹的問題限於哲學方面。」尼克森答道：「我之所以這樣說，是因為讀了主席的詩詞和講話，我知道主席是一位思想深刻的哲學家。」毛澤東說：「我寫的這些東西算不了什麼，沒有什麼可學的。」尼克森趕緊接話：「主席的著作感動了全國，改變了世界。」毛澤東不慌不忙地回答：「沒有改變世界，只改變了北京附近幾個地方。」

毛澤東隨後提及蔣介石：「我們共同的老朋友，蔣介石委員長他不贊成我們見面。他叫我們『共匪』。最近蔣有一個講話，你看過沒有？」尼克森當然沒看過，他故意反問：「主席叫蔣介石什麼？」當尼克森的提問被翻譯出來時，毛澤東笑了，周恩來在一旁插話：「一般來說，我們稱他們蔣介石集團。有時在報上，我們叫他匪，他們反過來也叫我們匪。總之，我們互相對罵。」毛澤東接著隨意地說：「其實，我們同他做朋友的時間比你們跟他做朋友的時間長得多。」這句話其實是在告訴美國人：對於蔣介石，毛澤東比美國瞭解更深。尼克森無言可對，只得說：「是的，我知道。」但他們不知道蔣介石叫他倆「尼丑毛賊」。

尼克森順勢提出希望同毛澤東談臺灣、越南和朝鮮問題，但重病纏身的毛澤東卻無法細談：「所有這些煩人的問題，我都不願意糾纏。我覺得你的哲學話題更好。」尼克森鍥

1972 年 2 月 21 日，美國總統尼克森與中國領導人毛澤東會面

而不捨，他解釋說：「比如說，主席先生，應該注意到一件有趣的事：大多數國家讚賞這次會晤，但是俄國人反對，日本人正如他們所表達的那樣表示懷疑，印度人也反對。所以，我們必須檢討這是為什麼，由此來決定我們的政策可如何發展，才能因應全球以及諸如朝鮮、越南，當然還有臺灣等眼前的問題。」毛澤東簡單地接應：「對，我同意。」尼接著說：「比如，我們必須自問——再重申一遍，此話不出此屋——為什麼蘇聯人在中國邊境上部署的軍力比它與西歐接壤的邊界更多？我們必須問我們自己，日本的前途如何？讓日本實現中立、毫無防衛能力更好，還是在一段時間裡讓日本與美國保持某種關係更好？我知道，我們對此有分歧。」尼克森假裝回歸哲學話題「以哲學的觀點而論，我的觀點是，在國際關係中是無所謂好的選擇。但有一點是肯定的：我們不可能留下任何真空地帶，因為在這些真空地帶，肯定會有人乘虛而入。例如，總理先生指出，美國到處伸手，蘇聯到處伸手。問題是中華人民共和國面對的是哪個危險？是美國侵略的危險，還是蘇聯侵略的危險？這些都是棘手的問題，但我們必須討論。」

尼克森企圖增加毛澤東對於蘇聯威脅和日本發展趨勢的擔憂，促使毛在臺灣問題做出妥協。尼克森曾經想將美中關係分為美國從臺灣撤軍和從外交上承認中國兩個部分：在軍事方面，將美國從臺灣撤軍與結束越南戰爭掛鉤，迫使毛澤東為解決美軍駐臺問題，向北越領導人施加和談壓力；在政治方面，將承認「一個中國」的政治表態推延至美中建交時解決，誘使毛澤東主動緩和美中政治關係。

對尼克森的論調，毛澤東打起了太極拳：「目前，來自美國方面的侵略，或者來自中國方面的侵略，這個問題比較小，也可以說不是大問題，因為現在不存在我們兩個國家互相打仗的問題。你們想撤一部分兵回國，我們的兵也不出國。」毛澤東含蓄地指責美國派兵印度支那和臺灣，但卻避而不談自己派了三十萬軍人脫了軍服去支援北越。尼克森趕緊解釋：「我們來到這裡，是因為認識到世界上的一種新形勢，認識到對我們而言，重要的不是一個國家的內部政治哲學，重要的是它對世界別國和對我們的政策。所以，老實說，我們存在著分歧。總理和季辛吉博士已經討論了這些分歧。」尼克森接著指出：「就這兩個大國而言，美國和中國，我們知道，中國沒有威脅美國的領土；我想您也知道，美國對中國也沒有領土的覬覦。我們知道，中國無意控制美國。我們相信您也意識到，美國不想主宰世界。並且，或許您不相信這一點，但是我相信：中國和美國，兩個大國，都不想主宰世界。因為我們在這兩個問題上的態度是相同的，我們不會威脅彼此的領土；所以，儘管我們存在分歧，但我們可以找到共同的立場，建立一種世界格局。在這種格局中，我們兩國都可以按照自己的方式，在我們自己的道路上安全地發展。」

聽完尼克森的長篇大論後，毛澤東僅簡單地回了一句：「我們也不會威脅日本和南朝鮮」，就不願繼續談了。他問了周恩來時間後，對尼克森說：「你覺得我們今天談得差不多了嗎？」看到毛下逐客令了，尼克森趕緊做最後的陳述：「在最後，我想說，主席先生，我們知道，您和總理冒著巨大的風險邀請我們來此。對於我們而言，這同樣是一個艱難的決定。但是在閱讀了主席的一些講話後，我知道您是一個能夠抓住機會的人，並且必定只爭朝夕。就個人來說，我想說，並且也是向總理說，你們不瞭解我。因為你們不瞭解我，所以你們不會信任我。你們會發現，我從來不說我做不到的事情。並且，我能夠做的比我能說的要多。這是為什麼我希望同主席，當然也同總理，進行坦率的會談。」雖然尼克森在毛面前保證不說做不到的事，但其實他說的遠遠比做的多。

對尼克森的擔保及奉承，毛澤東嬉笑回應：「我這種人說話像放空炮！比如這樣的話：『全世界人民團結起來，打倒帝、修、反，建立社會主義。』」毛澤東對尼說：「你可能就個人來說，不在打倒之列。」毛指向季辛吉：「可能他也不在內，都打倒了，我們就沒有朋友了嘛。」尼克森趕緊吹捧毛：「您出身於一個很窮的家庭，結果登上了世界上人口最多的國家、一個偉大國家的最高地位。我的背景沒有那麼顯赫，我也出生於一個很窮的家庭，登上了一個很偉大的國家的最高地位。歷史把我們帶到一起來了。我們儘管有著不同的哲學，然而都腳踏實地地來自於人民。問題是能不能實現一個突破，這個突破將不僅有利於中國和美國，而且有利於今後多年的全世界。我們就是為了這個而來的。」有此馬屁，毛澤東得意地說：「談得成也行，談不成也行，何必那麼僵著呢？一定要成？一次沒有談成，人們會談論你們第一次為什麼沒談攏？無非是我們的路子走錯了。那我們第二次又談成了，他們又說什麼呢？」毛澤東到此結束同尼克森的會談。毛澤東送客時坦白自己的身體一直不好，尼克森恭維道「你的氣色很好」，毛回答「表面現象是騙人的」，毛最後總算說了句真話。

一九七二年二月，尼克森在簽署《上海公報》前只同毛澤東見了一次，聊了六十五分鐘，什麼實質問題都沒談。會後，尼克森又再三要求見毛但不成功。尼毛會談時，尼克森沒帶自己的譯員，而是完全依賴中方冀朝鑄和唐聞生擔任傳譯，這是否會有傳譯不實或誤解的情況？實情不得而知。唯一能確定的是，根據美方記錄，尼毛兩人自始至終沒有談及美國的「一中政策」或中國的「一中原則」。美方早公布了季辛吉的助手羅德做的會談記錄，但中方的記錄始終保密，很可能是因為中英文記錄有很大的出入。季辛吉會後吹捧毛澤東談的是「長遠的問題、當今世界的基本潮流、中美之間或者中美與其他國家之間在這些潮流中正在走向何方的問題」。其實，毛澤東因為重病，已經無法邏輯清楚地表達思想，因此只能談些空洞的「哲學問題」，才不至於露出破綻。

一九五〇年代，毛澤東採取的立場是，中美就臺灣問題達成協議後，才能談其他議題。美國則堅持關係若要進展，中國必須放棄對臺使用武力。但尼克森上臺後決定投降，接受中國長期以來堅持的預設條件，以便展開雙邊談判。尼克森在臺灣問題上讓步，迎合中國，而毛澤東認為可以稍候一下，再多加索取。毛、周在時間上讓步，接受美軍不必立即撤離的構想，而是視亞太地區和平及穩定的進展而分階段撤出。另外，雖然在毛、周眼裡，臺美「共同防禦條約」非法，他們卻接受季辛吉提出的因果關係：在中國和臺灣和平統一後，美臺「共同防禦條約」才會最終廢除。然而，中國這些妥協遠遠不及尼、季的讓步，他們不必在根本問題上做出犧牲，以免日後阻礙收復臺灣，因此，尼克森結束行程回國之後，毛、周對《上海公報》洋洋得意。

4. 美中如何談判美國的「一中政策」？

一九七二年二月二十八日，中國在《上海公報》中聲明：「中華人民共和國是中國的唯一合法政府；臺灣是中國的一個省，早已歸還祖國，解放臺灣是中國內政，別國無權干涉……中國政府堅決反對任何旨在製造『一中一臺』、『一個中國、兩個政府』、『兩個中國』、『臺灣獨立』和鼓吹『臺灣地位未定』的活動。」而美國僅僅聲明「美國認識到，在臺灣海峽兩邊的所有中國人都認為只有一個中國，臺灣是中國的一部分，美國政府對這一立場不提出異議。它重申它對由中國人自己和平解決臺灣問題的關心。」四十多年來，美國一再重申它的「一中政策」，但是，美國雖然認知「所有中國人都認為臺灣是中國的一部分」，卻從未正式承認過「臺灣是中華人民共和國的一部分」。這兩者之間的差異，必須從一九七一年十月季辛吉訪問北京開始說起。

一九七一年十月二十日到二十五日，季辛吉第二次訪問北京期間，同周恩來舉行了十次、共約二十五個小時磋商，包括討論美中《聯合公報》（又稱《上海公報》）。十月二十一日，周恩來要求季辛吉澄清「美國政府所表述的政策是仍然希望維持『臺灣地位未定』的觀點，或者美國政府的政策是臺灣已經屬於中國並且是中國的一個省？」季辛吉當時回答：「我們對全體中國人民主張只有一個中國以及臺灣是中國一部分的事實沒有異議。因此，我們不會堅稱這個問題的地位未決。如何能夠清楚表達這一點的確困難，但是我們已然準備在可能發布的公告中注明全體中國人主張只有一個中國這個事實。所以，這就是本屆政府的政策。」

十月二十二日晚，應周恩來的要求，季辛吉將美方《聯合公報》草稿交給了中方，該草稿首次正式提出「美國認識到，在臺灣海峽兩邊的所有中國人都認為只有一個中國，美國政府注意到這一立場」，該草稿沒提臺灣是中國的一部分。其實，這一提法最早在一九五〇年代美國國務院的內部討論文件中就已提出，季辛吉這次訪問北京前，他的助理羅德建議他採用這個提法。季辛吉事後認為「沒有比這個模棱兩可的提法使周恩來印象更深刻了。按照這個提法，我們雙方在將近十年內都可以對付過去」。他當時預見美國這個提法可以對付十年，沒想到它卻對付了四十多年，還在對付。

十月二十四日晚上，根據毛澤東指示，周恩來提議在臺灣問題上雙方各自表述立場。實際上，中國希望通過公報把美國套牢，因此，各說各話並非指美方可以自由表述它的立場，而是只能採用經過中方同意的表述。季辛吉當即明確接受，但他特別點出，公報上可以寫的將不同於尼克森向中方承諾的，希望中方理解並且信任美方，美方可以做的比可以說的要多得多。周恩來要求美國在公報中表述四點內容：「在臺灣海峽兩邊的所有中國人都認為只有一個中國」；「美國將鼓勵中國人依靠自身通過和平談判解決這一內政問題」；「不實施或支持任何旨在將臺灣分離中國的活動」；以及「美國從臺灣撤軍」。對此要求，特別是臺灣問題是中國內政的表述，季辛吉表示難以接受。十月二十五日上午九點，美方完成了《聯合公報》第二稿的修改。除了保留原稿中的第一句「美國認識到，在臺灣海峽兩邊的所有中國人都認為只有一個中國」外，美方第二稿改變了中方要求美國做的陳述：它刪除了有關美國不支持「臺灣獨立運動」或任何將臺灣分離中國活動的承諾。

十月二十六日凌晨四點，季辛吉又提出美方的第三稿：「美國方面認識到，在臺灣海峽兩邊的所有中國人都認為只有一個中國，臺灣是中國的一個省。美國政府對這一立場不提出異議。它強調它的觀點是，中國人應當通過和平方式實現他們的目標。」季辛吉強調，此點還須請示尼克森後再做確認。於是，公報草案中關於美國「一個中國」政策表態懸而未決。周恩來表示，美方希望將目標模糊化，但中方希望具體化、明確化。其實，雖然採用雙方各自表述立場的方式，但雙方從沒有對中國如何表述「一中原則」做什麼討論，卻對美國如何表述「一中政策」反覆討價還價，如此一邊倒的外交談判，真是舉世罕見。

為了確保尼克森的訪問萬無一失，美國國家安全副顧問海格（Alexander M. Haig）先於一九七二年一月三日訪問北京，海格要求修改公報中有關臺灣問題的表述，比起季辛吉在一九七一年十月帶回美國的草稿，「不要那麼真實，不要那麼準確」，海格將美方新擬的草案交給了周恩來。按照毛澤東的指示，一月六日晚上十一點，周恩來與海格進行第二次會談，雙方就美方陳述達成了一些共識。海格接受「美國認識到，在臺灣海峽兩邊的所有中國人都認為只有一個中國，臺灣是中國的一個省。美國政府對這一立場不提出異議」。周恩來希望美國能夠聲明：和平解決臺海兩岸統一的問題是美國的「希望」；但海格堅持要申明這是美國的「關心」，而且堅持使用「重申」一詞，表示這是一項具有連續性的義務。

一九七二年二月尼克森訪問北京時，為了盡快結束越戰，他對毛澤東和周恩來許下了許多秘密承諾，嚴重出賣臺灣的利益以換取中國支持美越和約。一九七二年二月二十二日，尼克森對周恩來重申了一九七一年七月季辛吉所做的秘密承諾：「第一，中國只有一個，臺灣是中國的一部分……以後不會再出現臺灣地位未定的聲明。第二，我們從未支持，將來也不會支持臺灣獨立運動。第三，……我們不願日本進駐臺灣並會勸阻日本那樣做。第四，我們將支持臺灣問題以任何可能的和平方式解決。與此相關的是我們不支持臺灣政府任何採取軍事反攻大陸的企圖。最後一點，我們尋求與中華人民共和國的關係正常化。」對此，周恩來只簡單地說：蔣介石仍「相信一個中國」，「這一點我們可以好好利用」，周恩來認為蔣只剩下這麼一點利用價值。他向尼克森提出「希望」能在尼克森第二任內「解放臺灣」，因為「蔣介石來日無多」。周恩來拒絕承諾和平解決，但他告訴尼克森，中國並不要求美國把蔣介石拉下來，中國可以自己把他解決。尼克森追問是否是以和平方式？周恩來回答說：「是，我們有信心。」

當時，周恩來和尼克森先後進行了五次小範圍會談，其中北京四次、上海一次，總計十八個小時。會談圍繞美國對臺灣問題的政策承諾、《聯合公報》的起草和未來兩國交往的具體事宜進行。尼克森在會談中再三強調，他能做的比能說的多，他提出：雙方尋找一種措辭，既可以滿足中方的要求，即表示出雙方解決臺灣問題的進展和收穫；又不能授人以柄，讓人看起來是美國總統跑到北京出賣了臺灣，使得美國國內的那些反對派聯合起來，破壞整個美中關係正常化進程。

二月二十二日上午十點，季辛吉和喬冠華副外長受尼、周委託討論公報草案，季辛吉輕描淡寫地問喬冠華：「你們是否願意在公報中聲明將以和平手段，而不是軍事手段，主張對臺灣的主權。」喬冠華回答：「那違背該問題屬於內政事務的原則，不能接受。」季辛吉很體貼地說：「我也因為如此，而沒提出來。」季辛吉一句話就放棄了美國在美中大使級談判中堅持了近二十年的主張。當時，他認為《聯合公報》是實現長遠發展的權宜之計，前提是尼克森能夠連任並有能力履行承諾。然而，中方認為《聯合公報》是指導中美關係未來發展的書面承諾，無論領導人更迭與否，其效力和約束力遠遠大於口頭承諾。

二月二十四日上午，尼克森和國務卿羅傑斯一行去遊覽長城，而季辛吉和喬冠華則進行「真正的談判」。喬冠華指出，中方對美方草案有三點異議：第一，新草稿將「美國方面認識到，在臺灣海峽兩邊的所有中國人都認為只有一個中國，臺灣是中國的一個省」中的「臺灣是中國的一個省」，改為「臺灣在歷史上一直是中國的領土」。這種倒退的說法，中方無法接受。第二，新草稿把原來美方對由中國人自己和平解決臺灣問題的「持久的關注」，改為美國「重申其立場」。更改後的用詞，態度過於強硬。第三，新草稿中指出對臺灣問題的解決「應當」通過和平的方式實現，但「應當」一詞「看上去像一種命令，置我們於一種尷尬的境地」。季辛吉答應同尼克森商議後，下午提出修改方案。

二月二十四日下午三點，季辛吉帶來了修改後的提案：「美國方面聲明：美國認識到，臺灣海峽兩岸所有的中國人都認為只有一個中國，臺灣是中國的一部分。美國對這一立場不提出異議。它重申它的觀點，即臺灣和大陸的最終關係不是由美國決定的事務。它相信，有關方面對臺灣問題的和平解決將會極大緩和遠東的緊張局勢。」對此，喬冠華表示，他將向周恩來匯報，並在晚宴後回覆美方。

二月二十四日下午，周恩來與尼克森會談，周主動指出，中方希望尼克森成功連任，因此，不會在起草《聯合公報》時故意難為尼克森，他表示「你們有你們的困難，我們也有我們的困難」，但「我們也能夠勸說我們的人民，因為毛主席的領袖威望」。尼克森一直以為周恩來關注的焦點是美國在臺灣的駐軍，所以反覆強調從臺灣撤軍的承諾，但周恩來卻意不在此，他要求確認，美國不支持、不允許、不鼓勵在美國或臺灣的「臺灣獨立運動」。對此，尼克森表示，「不允許」發生「臺灣獨立運動」超過了美國的能力範圍，美方所能做到的是「不鼓勵」；不過當美國軍隊仍然駐紮臺灣時，則盡力做到「不允許」。此外，尼克森還承諾：沒有任何美國人或美國機構，會以任何直接或間接的方式向「臺獨」運動提供任何鼓勵或支援，如若中方將這類活動的任何資訊通知美方，美方都將竭力阻止。

二月二十四日午夜之後，喬冠華帶來了新的一稿，他首先逐句指出了不同意見，第一句中將「臺灣是中國的一個省」改為「一部分」，中方理解美方的難處，願意做出讓步，但將在中方對臺灣立場表述中堅持「一個省」。關於第二句，既然美國已經表示臺灣問題是中國的內部事務，卻又談及臺灣和大陸的最終關係，這就暗示出兩種可能性：一種是臺灣從中國分離出去，另一種是回歸祖國的懷抱。如果把「臺灣和大陸的最終關係不是由美國決定的事務」這句話寫入《聯合公報》，就會給中國人民以這樣的印象，這是中方不能接受的，希望能夠將此句刪除。對於中方的反對意見，季辛吉當即表示同意。

二月二十五日晚，尼克森的答謝宴會之後，毛、周兩人研究決定接受季辛吉的最新草案，即：「美國認識到，在臺灣海峽兩邊的所有中國人都認為只有一個中國，臺灣是中國的一部分。美國政府對這一立場不提出異議。它重申它對由中國人自己和平解決臺灣問題的關心。考慮到這一前景，它確認從臺灣撤出全部美國武裝力量和軍事設施的最終目標。在此期間，它將隨著這個地區緊張局勢的緩和逐步減少它在臺灣的武裝力量和軍事設施」。季辛吉十分滿意這寫法，他立刻讓人把這一段列印出來，送給隔壁樓裡的尼克森。當晚十點五十分，尼克森和季辛吉逐字逐句地研究了這份草案，他們認為，已經達到了美方的基本目的。

二月二十六日，在從北京去杭州的飛機上，國務卿羅傑斯才拿到了草案。羅傑斯對尼克森表示，《聯合公報》不理想。他把一份由助理國務卿葛林（Marshall Green）準備的單子交給尼克森，列舉出《聯合公報》中應該修改的地方，竟多達十五處。季辛吉認為羅傑斯和葛林的激烈反對是「吵吵鬧鬧」，「無足掛齒」。可是，尼克森覺得，他不能忽視國務院的意見，也不能帶領一個意見分歧的代表團回國。尤其是葛林在「一個中國」的文字中發現了危險，葛林指出，講「所有的中國人」並沒確切反映事實，因為臺灣的居民只有少數人自認是中國人。如果「所有的中國人」指的是社會上、文化上、種族上的華人，那麼幾乎島上每個人都可歸進這一類，可是這一多數人並不同意臺灣屬於中國。

二月二十六日晚上十點，季辛吉在杭州緊急約見喬冠華，提出羅傑斯對「一中政策」表述的三點修改意見：第一，把「在臺灣海峽兩邊的所有中國人都認為只有一個中國」一句中的「所有中國人」改為「中國人」；第二，把「對這一立場不提出異議」中的「立場」刪掉；第三，「它重申它對由中國人自己和平解決臺灣問題的關心」一句中，在「中國人」前面加上一個定語——「臺灣海峽兩岸的」。喬冠華向周恩來請示後態度強硬地表示，這份尼克森首肯的草案，也已經在二月二十六日清晨獲得毛澤東的批准，但美方卻又提出這麼多重大的修改，若美方堅持這些修改意見，那麼，這份《聯合公報》恐怕難以按時完成並簽署。喬冠華痛罵季辛吉竟然暗示在臺灣有人可能不會認同自己是中國人、或是不覺得臺灣是中國的一部分。季辛吉退讓了，有關美國「一中政策」的表述沒有做任何改變。二月二十七日清晨，中美雙方批准了這份《聯合公報》，二月二十八日，雙方在上海正式發表的這份《聯合公報》（故又稱《上海公報》），不顧美國國務院的反對，確定了中美新關係的開始。

針對《上海公報》，蔣介石在日記中寫下他的氣憤：「上午研閱尼丑與周匪所發表之聯合公報，不勝憤慨，此為尼丑出賣我政府既定之方針，亦為其槍桿下屈服之一舉，無恥已極。下午召集高幹，指示對偽公報加以駁斥之聲明要旨，頗費心力。」對於《上海公報》，中華民國外交部回應：

目前盤踞我國大陸之共匪係一叛亂集團，絕無權代表中國大陸人民，美國與共匪偽政權間凡由此次訪問所達成任何涉及中國政府及人民權益之公開及尚未公開之協議，中華民國政府一律不予承認……唯有我全國人民選舉所產生的唯一合法的中華民國政府光復大陸，統一中國，拯救同胞，始能解決我們本身問題，除此以外別無其他任何途徑。

此時，蔣介石公開強調的還是「中華民國政府是中國的唯一合法政府」。但蔣介石顯然認為遷怒美國並無益處，反而可能動搖臺灣民眾對臺灣前途的信心，因此對尼克森訪問北京，兩蔣表面鎮靜，低調處理，以求穩住臺灣民心。

事實上，兩蔣對尼克森五項承諾始終不知情，但他們一直懷疑尼克森與中國有秘密協議。一九七二年三月三日，中華民國外交部長周書楷在接見美國助理國務卿葛林時，一再追問是否有秘密協議，而葛林則是不斷否認。周書楷質問：「匪方對美之表面讓步，乃基於一種默契，即他日美匪建立正式關係，果爾，美方即可自然擺脫中華民國。」葛林答覆：「依公報內容觀之，北平允許吾人與中華民國保持外交及軍事支助關係，同時可與中華人民共和國進行有限度關係，而此一對華政策，即一方與中共做廣泛接觸，一方維持與貴國之外交關係，在美國國內已獲得壓倒性支持。」葛林強調「新外交形式」是要同時與中國和臺灣交好，此形式實際上是「一國兩府」政策，但他沒提到的是，這所謂的「新外交形式」對臺灣會帶來什麼樣的影響。

過去四十五年來，美國的「一中政策」不是出於對中國的同情，而是基於對中國實力與意圖的估計，從美國所處現實出發、為美國國家利益設計的。它反映了一九七〇年代的景況，正如一九七二年一月六日毛澤東所言「基本問題是：無論美國也好，中國也好，都不能兩面作戰。」美中這兩個意識型態和政治體制完全不同的國家存在著巨大的分歧，而戰略利益促使它們走在一起。當時雙方都須要進行戰略收縮，以便集中精力對付主要敵人蘇聯。一九七二年二月，尼克森出發去北京前，季辛吉告訴尼克森「他們同俄國人一樣危險。事實上，在某個歷史時期，他們會更加危險」。對於美國而言，「二十年以後，您的後繼者如果像您一樣明智，就會倒向俄國人那邊來對付中國人」。而且，季辛吉深信「如果中國更強的話，它就不會這樣一心一意地尋求同我們改善關係了」。季辛吉認為，中國的領導人是「最不動感情的推行均勢政治的人」，他們諳熟中國悠久歷史中「以夷制夷」的方略。可是四十多年過去了，季辛吉仍然認為尼克森的「一中政策」，關乎美國根本利益，所以不能修改。

5. 什麼是美國的「一個中國」政策？

一九五〇年至二〇一七年間，決定美中關係有兩大主要因素，一是中華人民共和國由內部政治驅動的對美政策，另一是美國基於世界局勢的發展而調整的全球戰略，此兩大因素彼此相互影響。從一九五〇年到一九七八年，美國即使在維持與中華民國的正式外交關係時，均保持與中華人民共和國談判的管道，在這段期間裡美國試圖推行「兩個中國」政策，但實際上執行的是以中華民國代表中國的「一中兩府」政策。一九七九年到二〇一七年的三十八年間，美國正式承認中華人民共和國政府代表中國，卻與中華民國維持準官方關係，實際上仍執行「一中兩府」政策。不論由誰代表中國，一九五〇年以後，美國反對中華人民共和國「武力解放臺灣」的立場均無改變，美國也從未承認或接受「臺灣是中華人民共和國的一部分」。

中國在《上海公報》中聲明「中華人民共和國政府是中國唯一合法政府，臺灣是中國的一個省，早已歸還祖國；解放臺灣是中國內政，別國無權干涉」，這就是中國常說的「一個中國」原則。什麼是美國政府基於美中「三個公報」與《臺灣關係法》的「一個中國」政策呢？中國與美國對此的理解是不同的。以下是三個美中公報的英文與中文版本，來比較這三個公報的異同點在哪裡，可以瞭解什麼是美國的「一個中國」政策。

一九七二年二月，尼克森總統在《上海公報》中明確提出美國的「一個中國」政策，即「The United States acknowledges that all Chinese on either side of the Taiwan Strait maintain there is but one China and that Taiwan is a part of China. The United States Government does not challenge that position. It reaffirms its interest in a peaceful settlement of the Taiwan question by the Chinese themselves.」中國政府版本：「美國認識到，在臺灣海峽兩邊的所有中國人都認為只有一個中國，臺灣是中國的一部分，美國政府對這一立場不提出異議。它重申它對由中國人自己和平解決臺灣問題的關心。」

此後四十五年，美國不斷重申這個「一個中國」政策，因為這是「上海公報體制」的核心。但是，美國雖然認知「所有中國人都認為臺灣是中國的一部分」，卻從未正式承認過「臺灣是中華人民共和國的一部分」。

卡特擔任總統的四年期間（一九七七年至一九八一年），前兩年的中國政策在國際法及國內法上均無改變，仍維持尼克森及福特時代承認中華民國的做法。但在一九七八年十二月美中《建交公報》裡，美國在「一個中國」有關的立場上做以下說明：「The United States of America recognizes the Government of the People's Republic of China as the sole legal

Government of China......The Government of the United States of America acknowledges the Chinese position that there is but one China and Taiwan is part of China.」中國政府版本：「美利堅合眾國承認中華人民共和國政府是中國的唯一合法政府……美利堅合眾國政府承認中國的立場，即只有一個中國，臺灣是中國的一部分。」

一九八二年八月十七日，雷根政府與中國在北京簽署了《八一七公報》，其中美國「一個中國」政策的表述為：「The United States of America recognized the Government of the People's Republic of China as the sole legal government of China, and it acknowledged the Chinese position that there is but one China and Taiwan is part of China.」中國政府版本：「美利堅合眾國承認中華人民共和國政府為中國的唯一合法政府，並承認中國的立場，即只有一個中國，臺灣是中國的一部分」

比較《上海公報》與《建交公報》及《八一七公報》的英中版本，可以發現，美國在「一個中國」政策表述上一直採用英文的「acknowledge」一詞。另外，後兩個公報採用「the Chinese position」，而不是《上海公報》中的「all Chinese on either side of the Taiwan Strait」這一用語。

美國人採用這些精確的英文有其法律和政治深意：首先，「acknowledge」是「認知和瞭解」的意思，美國只是認知中國人的立場，也不提出異議，但並不表示「承認和接受」。

其次，在《上海公報》簽署前一晚，國務卿羅傑斯和助理國務卿葛林反對季辛吉創造的用語「all Chinese on either side of the Taiwan Strait」。葛林指出「在臺灣海峽兩邊的所有的中國人」並沒有確切反映事實，因為臺灣的居民只有少數人自認是中國人。如果「所有的中國人」指的是社會上、文化上、種族上的華人，那麼幾乎島上每個人都可歸進這一類，可是這些多數人並不同意他們屬於中國。季辛吉因此緊急約見中國副外長喬冠華，要求把「所有中國人」改為「中國人」。喬冠華很不高興，痛罵季辛吉竟然暗示在臺灣有人可能不認同自己是中國人或是不覺得臺灣是中國的一部分，季辛吉退讓了，因此《上海公報》沒有按美國國務院的意見做任何修改。可是，《建交公報》及《八一七公報》卻按國務院的意見把「所有中國人」改為「中國人」了，這就暗示美國認知臺灣有人可能不認同自己是中國人。

再次，問題嚴重的是，中國官方將《上海公報》英文版裡的「acknowledge」翻譯為「認識到」，但到了《建交公報》及《八一七公報》，卻將同樣的「acknowledge」翻譯為「承認」，於是，美國政策表述中的英文用詞沒變，但中文翻譯用詞和意思卻大變。

最後，中國官方又把英文「the Chinese position」從「中國人的立場」改譯為「中國的立場」，漏掉「人」字，這種曲解英文原意的翻譯，造成了中美兩國對什麼是美國的「一個中國」政策長期爭論不休。美國明明只是「認知中國人的立場」（包括在臺灣的部分中國人），可是中國硬翻譯成美國「承認中國的立場」（即承認中華人民共和國的立場），這真是「差之毫釐，謬以千里」。中國官方故意這麼翻譯，讓大陸老百姓以為美國承認了中華人民共和國政府對臺灣的立場。

另一方面，美國政府所謂的「一個中國」政策，經過《臺灣關係法》的補充，實際上變成「一個中國，一個政府，與一個政治實體」。一九七九年四月美國國會通過的《臺灣關係法》在某種程度上補救了美臺斷交對臺灣不利的法律效果，美國與臺灣實際上維持了準官方關係，只不過美國只重視實質，不願在名分上過於渲染，以免中國干涉。

《臺灣關係法》未表示美國對臺灣主權現狀的認定以及未來歸屬的看法，它只是一個規範美國繼續與臺灣交往的法律。《臺灣關係法》未提及「一個中國」政策的定義，但承認臺灣是一政治實體。該法對於「臺灣」一詞的定義為：「包括臺灣本島及澎湖，該等島嶼上之人民，依據適用於該等島嶼之各項法律所設立或組織之法人及其他的實體及協會，以及在一九七九年之前被美國承認為中華民國的在臺灣之統治當局，及任何繼承之統治當局（包括其政治區域，機構及實體）。」《臺灣關係法》與美中正式外交關係同一天生效。

針對《上海公報》中美國「重申它對由中國人自己和平解決臺灣問題的關心」，《臺灣關係法》進一步補充對臺灣安全政策如下：

一、西太平洋地區的和平及安定符合美國的政治、安全及經濟利益，而且是國際關切的事務；

二、美國決定和中華人民共和國建立外交關係之舉，是基於臺灣的前途將以和平方式決定這一期望；

三、任何企圖以非和平方式來決定臺灣的前途之舉——包括使用經濟制裁及禁運手段在內，將被視為對西太平洋地區和平及安定的威脅，而為美國所嚴重關切；

四、提供必要數量的防禦性武器，使臺灣維持足夠之自衛能力；

五、維持美國的能力，以抵抗任何訴諸武力或使用其他方式高壓手段，而危及臺灣人民安全及社會經濟制度的行動。任何對臺灣社會經濟制度之威脅，美國總統應立即通知國會，依照憲法程序採取適當行動。

不顧中國的反覆抗議，三十多年來美國政府基本上忠實地執行了《臺灣關係法》，也不斷強調美國的「一個中國」政策是同時基於美中「三個公報」與《臺灣關係法》。可見，美國政府所謂的「一個中國」政策，和中國所謂的只基於中美「三個公報」的「一個中國」原則，講的是很不同的東西。對於「美國的一個中國政策」，不僅中國與美國的中英翻譯不同，理解也是不同的。

小結

毛澤東在一九七〇年代初衝破意識型態的障礙與美國言和，是基於這種新關係給中國國家安全帶來的好處。當時，中國正陷於國內外危機之中，文革已將人民精力消耗殆盡，而邊境四周都籠罩著戰爭的陰影，處境極為危險。在中美關係解凍之初，尼克森試圖以外交承認換取中國承諾以和平的方式解決臺灣問題。對於尼克森的意圖，毛澤東、周恩來十分清楚。一九七二年二月二十一日，毛澤東告訴尼克森、季辛吉：「從現在起，在我們之間可以不考慮這個問題，把它放到一百年以後再考慮。」他認為臺灣是個小問題，大問題是世界問題，「何必如此焦急？這個問題不是一個重要問題，國際問題才是一個重要問題。」但是，毛澤東說臺灣是個小問題，只是一種姿態。中國在《上海公報》中強調：「中華人民共和國政府是中國的唯一合法政府；臺灣是中國的一個省，早已歸還祖國，解放臺灣是中國內政，別國無權干涉。」毛澤東並沒向尼克森承諾只以和平的方式解放臺灣，但是默認了美國「重申它對由中國人自己和平解決臺灣問題的關心」。

一九七三年十一月十二日，毛澤東告訴季辛吉「我不相信和平轉變」。毛說國民黨是一撮反動分子，「他們怎能和我們合作？」會後，毛澤東特別召集政治局會議批判周恩來「和美國人打交道時犯下右派的錯誤」，因為當天周恩來曾對季辛吉表示，中國會用和平手段解放臺灣，毛澤東說這是不對的，「臺灣只能用打的」，這才是毛的心裡話。一九七四年十一月二十六日，剛接任第一副總理的鄧小平會見季辛吉，在談到臺灣問題時，鄧小平只是強硬地重申了毛的說法「我們不相信和平交易」。鄧小平堅持不承諾放棄武力。在一九七五年十二月福特總統訪問北京時，鄧小平又重複了毛澤東有關和平過渡不可能的表述。鄧小平於一九七四年至一九七五年間與美國人打交道的強硬態度，使季辛吉感到鄧小平咄咄逼人。

尼克森處理有關中國政策的改變，對中華民國政府以空洞及不實的言詞敷衍。駐美大使周書楷於一九六九年八月六日去見季辛吉聽取簡報，季辛吉告訴周書楷，尼克森要他向蔣介石傳達一個訊息，即美國對中共政策「沒有改變」。「政策沒有改變」從此成為美國政府敷衍臺灣的標準答案，政策在沒有公布改變之前，這句話都不算錯，但卻不誠實，季辛吉不願講的是他們正在醞釀改變。尼克森和季辛吉在與中國交往過程中，繞開美國國務院的正常外交程序，封鎖消息，採取隱瞞、欺騙的幕後管道，將外交政策的醞釀和付諸行動都掌控在自己手中。他們把歷史性的功績獨攬予個人名下，除了其個性特點之外，就是對個人榮譽的追逐。「秘密外交」可以實現外交關係的突破，卻難以獲得國內一致的認可；可以暫時擱置矛盾，卻不能解決長久的問題；可以繞開反對派，卻難以逃避反對力量的反彈，最終引起了國會對白宮「拋棄」臺灣的批評。尼克森的外交政策替他爭來了最大的榮譽也給他帶來了毀滅的種子。

1974 年 11 月 26 日，鄧小平會見美國國務卿季辛吉

一九七二年二月，簽訂《上海公報》過程中，尼克森被迫一再表達對「中國」屬誰及

中國是否一個的立場。此公報與尼克森的五大秘密承諾，構成了「上海公報體制」的主要框架。但是，《上海公報》沒有告訴美國、臺灣或中國人民，尼克森已經秘密接受北京更多的要求。尼克森雖然急著要改善與北京的關係，卻因中華民國本身的進步，無法像南越一樣拱手奉送臺灣給中國。

在過去四十多年裡，美國歷屆政府都認為尼克森的「上海公報體制」，維繫了關乎美國根本利益的臺海和平。美國基於「三個公報」與《臺灣關係法》所架構的這一體制，得到中國的默認，照歐巴馬的說法，基本上是中國和美國之間長期以來的共識，「就是不改變現狀」，這是對臺灣國際關係和國際法地位設置的框限，也是套在臺灣人民頭上的緊箍咒。對此框限，美國認為對中國及臺灣領導人都已經清楚表達，然而相對於美國的「一個中國」政策，中國卻總是強調自己的「一個中國」原則。美國政府所謂的基於「三個公報」與《臺灣關係法》的「一中政策」，與中國所謂的基於中美「三個公報」的「一中原則」，講的是很不同的東西。即使是川普向習近平重申的「我們的一中政策」，中國與美國的理解也是不同的。不過，儘管《臺灣關係法》否定了中美關係正常化的政治基礎，《上海公報》發表四十多年來，在基礎不牢的情況下，中美關係依然進步巨大。

但是，二〇一七年的現況與一九七二年的景況大不相同，一是國際上和海峽兩岸人民普遍接受「一個中國」是指中華人民共和國，而不是中華民國；二是絕大多數臺灣人因此認為自己是臺灣人，而不是中國人；三是絕大多數臺灣人堅持臺灣不是中華人民共和國的一部分；四是絕大多數臺灣人認為臺灣前途應由二千三百萬臺灣人民決定，而國際社會也愈來愈同情這一看法。四十多年來，「中華民國臺灣化」的歷史進程造成了臺灣民意的這些變化。相應的，臺灣民意與「上海公報體制」的矛盾也愈來愈大。

第四章
蔣經國主張「中華民國」就是「臺灣政府」

引言

美國總統當選人川普於二〇一六年十二月二日上午與中華民國總統蔡英文通電話，這是自一九七九年臺美斷交以來，美國在任或候任總統首次與臺灣總統直接通話。川普又於當日晚間發推文表示：「臺灣總統今天打電話給我，祝賀我當選總統。感謝妳！」這則推文意義相當重大，這是美國在任或候任總統第一次稱臺灣領導人為「臺灣總統」。一九七八年十二月十六日，美國宣布與中華民國斷交，蔣經國總統為了繼續與美國發展「實質的官方關係」，請求美國在臺澎金馬範圍內給予臺灣法理上的承認遭到拒絕。蔣經國甚至在推動制定《臺灣關係法》過程中，要求美國國會以「臺灣政府」此名稱來稱呼「中華民國」，又遭拒絕。今天，如果蔣經國能同川普通話，且被其稱為「臺灣總統」，他一樣會很高興。

1. 什麼是鄧小平對臺「胡蘿蔔＋大棒」政策？

一九七八年至一九九〇年的鄧小平主政時代，隨著中美關係的改善，臺海兩岸的關係也走向緩和，但是，鄧小平高喊「和平統一，一國兩制」口號的同時，始終不肯承諾放棄使用武力。鄧小平對臺灣的「胡蘿蔔＋大棒」政策，服從於中美關係的大局，又兼顧對臺統戰：既有原則的堅定性，又有策略的靈活性。他使中美關係能超越臺灣問題而向前發展，但面對蔣經國的「不接觸、不談判、不妥協」的三不政策，鄧小平對臺統戰並無實質進展，因此不得不表示「如果一百年不行，那就一千年」。

鄧小平對臺政策，首先服從於中美關係的大局。一九七八年五月二十一日，鄧小平會見美國總統國家安全顧問布里辛斯基（Zbigniew Brzezinski），布氏表示卡特總統準備談判建交，「希望」中國能和平解決臺灣問題。鄧小平回答：「關於兩國關係正常化問題，你們要表示你們的希望，這可以；但我們也要表示我們的立場，即中國人民在什麼時候、用什麼方式解放臺灣，是中國人自己的事。」一九七八年十月二十五日，鄧小平公開表示：「美國總希望我們承擔義務，不使用武力解放臺灣。如果這樣，反而會成為和平統一臺灣的障礙，使之成為不可能。」十一月二日，美國駐北京聯絡處主任伍德科克（Leonard F. Woodcock）把建交公報草稿交給中方，要求中國不要反對美國關於和平解決臺灣問題的聲明。鄧小平從策略上考慮，如果美國是單方面提出希望，這不影響中國的立場，遂於十二月四日告知美方：如果美國單方面提出它希望以和平方式解決臺灣問題，中國可以不抗議。

一九七八年十二月十六日，中美兩國發表了《建交公報》。同一天，中國政府單方面聲明沒有重申武力解放臺灣，只是說「至於解決臺灣回歸祖國，完成國家統一的方式，這完全是中國的內政」。在中美《建交公報》中，中國放棄了在《上海公報》中「解放臺灣」的說法，而在此之前幾個月，新的《中華人民共和國憲法》才明文宣告要「解放臺灣」，可見，中國是拿自己的憲法當兒戲的，到一九八二年中國修改憲法，才拿走了「解放臺灣」一詞。一九八二年通過的現行《中華人民共和國憲法》，只宣稱「臺灣是中華人民共和國的神聖領土的一部分，完成統一祖國的大業是包括臺灣同胞在內的全中國人民的神聖職責」。此後，鄧小平逐步提出「和平統一、一國兩制」的方案，但是，他始終不肯做出不對臺灣使用武力的承諾。

《臺灣關係法》通過後，鄧小平認為該法案是對中國內政的嚴重干預並否定了中美關係正常化的政治基礎。一九七九年四月十九日，鄧小平對美國參議員訪華團說：「我們對美國國會通過的《臺灣關係法》不滿意。這個法案最本質的問題就是不承認只有一個中國，法案的許多條款表示要保護臺灣，說這是美國的利益，還說要賣軍火給臺灣。一旦臺灣有事，美國還要干預。」鄧小平認為，中美關係正常化的政治基礎，就是承認只有一個中國，而《臺灣關係法》本質上不承認一個中國，否定了中美關係的政治基礎。可是，中美建交對鄧的內部權力鞏固意義重大，所以，他對《臺灣關係法》只是表示「不滿意」，並無針鋒相對的行動，也沒威脅說「基礎不牢，地動山搖」，因為威脅了，也沒用。

雷根總統上臺後，對臺灣態度友好。一九八一年一月四日，鄧小平在會見美國史蒂芬（Ted Stevens）參議員時說：「像臺灣這樣的問題，以為中國可以吞下去。吞不下去，不會吞下去的。」他威脅說：「在臺灣問題上如果需要中美關係倒退的話，中國只能面對現實，不會像美國有些人所說的那樣，中國出於反對蘇聯的戰略會把臺灣問題吞下去，這不可能。」當時，雷根對蘇聯採取強硬政策，舒緩中國的壓力，這對中國國家安全有利，但是鄧小平不肯因為美國對蘇聯強硬而把臺灣問題「吞下去」，聯美反蘇和解放臺灣是不能混為一談的兩回事。如果美國執行《臺灣關係法》而導致中美關係倒退的話，中國也只能正視現實。

一九八一年六月十六日，鄧小平會見雷根的國務卿海格，鄧警告：「擺在我們面前最敏感的問題還是美國向臺灣出售武器。現在臺灣海峽形勢很平靜，有什麼必要不斷向臺灣出售武器？這樣的問題涉及到中國最大的政策之一，就是要統一祖國，使臺灣回歸祖國。就中國方面來說，希望發展兩國的關係。但我們也不迴避。不能不想到，假使這個干擾行動太厲害會引起相應的反應，導致中美關係停滯，甚至倒退，思想上要有這種準備。」鄧小平說得很硬氣，如果美國不理會中共的民族感情，那就讓中美關係倒退吧。

面對鄧小平的威脅，雷根政府做了讓步，最終與中國簽署了《八一七公報》，確認美國今後「向臺灣出售的武器在性能上和數量上不超過中美建交後近幾年的水準」，並答應對臺售武「經過一段時間導致最後的解決」。一九八二年九月八日，鄧小平會見尼克森時指出，發展兩國關係障礙還很多，「最大的障礙還不是向臺灣出售武器問題，比這更具有長期影響的還是《臺灣關係法》」。鄧小平始終不排除使用武力的戰略考慮，也是為了與《臺灣關係法》對抗。

經歷了《臺灣關係法》到《八一七公報》這段時間的交鋒，鄧小平更堅定了「不能排除使用武力」的戰略考慮。一九八四年十月二十二日，鄧小平告訴黨內高層：「我們堅持謀求用和平的方式解決臺灣問題，但是始終沒有放棄非和平方式的可能性，我們不能做這樣的承認。如果臺灣當局永遠不同我們談判，怎麼辦？難道我們能夠放棄國家統一？當然，絕不能輕易使用武力，因為我們精力要花在經濟建設上，統一問題晚一些解決無傷大局。但是，不能排除使用武力，我們要記住這一點，我們的下一代要記住這一點。這是一種戰略考慮。」這是鄧小平畢生與國民黨和美國打交道的經驗結晶。鄧小平從一九二九年在廣西策動「百色起義」，到一九四九年指揮渡江戰役，他與國民黨打仗的時間有二十年。鄧小平在文革後的兩次復出，第一次出任解放軍的總參謀長，第二次則擔任中共中央軍委主席，因此，鄧小平迷信武力，無視臺灣民意。後來他也是用武力來處理「六四民運」和與趙紫陽的黨內鬥爭。鄧小平認為，如果承諾不以武力解決問題，那麼中國就永遠無法統一。

排除使用武力還是不排除使用武力，是中國處理臺灣問題「非此即彼」的重大選擇。鄧小平反覆考慮，宣布放棄使用武力，同時求得美國與臺灣斷絕軍事聯繫，最後通過國共談判統一臺灣；或者，不做出放棄使用武力的承諾，同時迫使美國減少與臺灣的軍事聯繫，最終武力解放臺灣。鄧小平從歷史和現實的政治考量，做了後一種選擇。鄧小平始終認為：美國干涉臺灣問題，不能歸因於中國堅持不放棄武力；若中國做出放棄使用武力的承諾，則美國就算不賣武器給臺灣，臺灣問題也無法得到和平解決。所以，堅持不放棄使用武力，是鄧小平對臺政策的基本原則和真實想法，他曾鄭重交代：「我們的下一代要記住這一點。」

中華人民共和國成立以後，對於臺灣的基本口號是「我們一定要解放臺灣」，也就是武力解放。中美建交後，鄧小平的思想發生了一些變化，開始考慮和平解放臺灣的可能，揮舞起對臺統戰的「胡蘿蔔」。一九七九年一月二十四日，鄧小平告訴美國記者：「我們尊重臺灣的現實，臺灣當局作為一個地方政府擁有它自己的權力，就是它可以有自己一定的軍隊，同外國的貿易、商業關係可以繼續，民間交往可以繼續，現行的政策、現在的生活方式可以不變，但須是在一個中國的條件下。」他說「總的要求就是一條：一個中國，不是兩個中國，愛國一家」。鄧小平提出，臺灣只要承認一個中國，臺灣當局便可以作為一個地方政府擁有權力，包括有自己的軍隊，鄧小平的「和平統一，一國兩制」政策由此可見端倪。

一九七九年一月三十日，鄧小平在美國訪問時說：「我們不再用『解放臺灣』這個提法了。只要臺灣回歸祖國，我們將尊重那裡的現實和現行制度。」一九七九年十二月六日，鄧小平再次重申：「對臺灣，我們的條件很簡單，那就是，臺灣的制度不變，臺灣與外國的民間關係不變，包括外國在臺灣的投資、民間交往照舊。臺灣作為一個地方政府，可以擁有自己的自衛力量、軍事力量。條件只有一條，那就是，臺灣要作為中國不可分割的一部分。」

為了和平統一臺灣，一九八一年中華人民共和國國慶前夕，人大常委會葉劍英委員長發表了「有關和平統一臺灣的九條方針政策」（葉九條），建議國共談判，共同完成統一大業。中國實現統一後，臺灣可以作為特別行政區，享有高度的自治權，並可保留軍隊。中央政府不干預臺灣地方事務。臺灣現行社會、經濟制度不變，生活方式不變。臺灣當局和各界代表，可擔任全國政治機構的領導職務，參與國家管理。一九八一年十月十八日，鄧小平公開呼籲：「對臺灣的局勢，蔣經國能夠控制。」

一九八二年一月十日，鄧小平說：「九條實際上就是『一個國家，兩種制度』，在實現國家統一的前提下，國家的主體實行社會主義制度，臺灣實行資本主義制度。」在這次談話中，鄧小平第一次明確提出「一個國家，兩種制度」的說法，這標誌著鄧小平「一國兩制」構想的形成。一九八三年六月二十六日，鄧小平告訴美國楊力宇教授，他對國民黨充滿期望：「和平統一已成為國共兩黨的共同語言。但不是我吃掉你，也不是你吃掉我。我們希望國共兩黨共同完成民族統一。」但鄧並不贊成臺灣「完全自治」，因為自治不能沒有限度，既有限度就不能「完全」。他說「『完全自治』就是『兩個中國』，而不是一個中國。制度可以不同，但在國際上代表中國的，只能是中華人民共和國」。鄧小平許諾「祖國統一後，臺灣特別行政區可以有自己的獨立性，可以實行同大陸不同的制度。司法獨立，終審權不須到北京。臺灣還可以有自己的軍隊，只是不能構成對大陸的威脅。大陸不派人駐臺，不僅軍隊不去，行政人員也不去。臺灣的黨、政、軍等系統，都由臺灣自己來管。中央政府還要給臺灣留出名額」。鄧小平建議舉行國共兩黨平等會談，實行第三次合作，而不提中央與地方談判。他說「如果國共兩黨能共同完成這件事，蔣氏父子他們的歷史都會寫得好一些」。說得好像兩蔣很在意將來共產黨怎麼替他們寫傳記。

鄧小平「一國兩制」方針雖然針對臺灣提出，卻在香港付諸實施。一九八四年六月二十二日，鄧小平在會見香港人士時對「一國兩制」做了說明：「中國的主體必須是社會主義，但允許國內某些區域實行資本主義制度，比如香港、臺灣。」他說「中國有香港、臺灣問題，解決這個問題的出路何在呢？是社會主義吞掉臺灣，還是臺灣宣揚的『三民主義』吞掉大陸？誰也不好吞掉誰。如果不能和平解決，只有用武力解決，這對各方都是不利的。實現國家統一是民族的願望，一百年不統一，一千年也要統一的。怎麼解決這個問題，我看只有實行『一個國家，兩種制度』。」一九八七年四月十六日，在與香港基本法起草委員的談話中，鄧小平承認，中國堅持社會主義制度和四項基本原則，這是寫在憲法上的。但是「一國兩制」允許香港、澳門、臺灣實行資本主義制度，他決定這樣做，「沒有一點膽略是不行的」。鄧小平自認為已經充分照顧了臺灣的現實情況，完全是一種自上而下的恩賜心態，他可以讓臺灣實行不同制度，也可以用主權之名，隨時限制或取消臺灣的「高度自治」。

鄧小平始終認為「再沒有比一國兩制的辦法更合理的了」。一九八六年九月二日，鄧小平接受美國記者採訪，回答臺灣有什麼必要同大陸統一的問題。鄧小平說，臺灣問題「首先是個民族問題，民族的感情問題。凡是中華民族子孫，都希望中國能統一，分裂狀況是違背民族意志的。其次，只要臺灣不同大陸統一，臺灣作為中國領土的地位是沒有保障的，不知道哪一天又被別人拿去了。第三點理由是，我們採取『一國兩制』的方式解決統一問題。大陸搞社會主義，臺灣搞它的資本主義。這對臺灣的社會制度和生活方式不會改變，臺灣人民沒有損失」。

鄧小平希望以「一國兩制」推動統一，對於不能看到臺灣回歸，他多次直言遺憾。一九八九年五月十六日，鄧小平在會見蘇共總書記戈巴契夫時說：「我這一生只剩下一件事，就是臺灣問題，恐怕看不到解決的時候了。」總括而言，鄧小平「一國兩制」的構想，是在當時的歷史條件下，中國領導人所能提出的最富政治智慧的想法，而這構想也影響了中國此後幾代領導人對臺灣的政策，不過，他們似乎都未想到要尊重臺灣人民對臺灣前途的自決權，漠視臺灣民主體制和程序，他們也堅決否認中華民國主權獨立。

雖然中國一再強調臺灣問題是中國內政，反對美國干預，經由美國來壓迫臺灣卻一直是中共的思維。但在此想法下，鄧小平對臺灣內部的發展完全誤判，例如他以為中美建交後，便可在一九八〇年代完成統一。誤判原因是誇大臺灣對美國依賴的心理，而小看了臺灣人民自立自強的精神。在中英香港談判時，鄧小平還託柴契爾首相傳話雷根，要雷根去說服蔣經國接受「一國兩制」。一九八七年三月九日，「美國在臺協會」（American Institute in Taiwan, AIT）主席羅大為（David N. Laux）告訴蔣經國：「過去幾年間，中共曾經設法影響美國，希望美國能夠促使總統先生與鄧小平談判，甚至要求英國首相柴契爾夫人來做說客，勸服雷根對中華民國施壓力，這都被雷根所拒絕了，因為他認為這件事應該讓中國人自行來解決。」對於鄧小平的「一國兩制」的方針，蔣經國始終不買賬，堅持以「不接觸、不談判、不妥協」的「三不政策」對抗。

「和平統一」與「武力解放」一直是中國對臺政策的一體兩面，從毛澤東、鄧小平到習近平，六十多年來沒什麼本質的變化。中華人民共和國歷來在宣傳上高喊，臺灣問題是國家統一的問題，是一個民族感情的問題。這種宣傳上的高調，似乎使這一問題沒有什麼迴旋的餘地。但是，一九七二年毛澤東說過，「世界事大，臺灣事小」，「把它放到一百年以後再考慮」。鄧小平也表示過「如果一百年不行，那就一千年」。習近平能等多少年呢？

2. 蔣經國為什麼主張「中華民國」就是「臺灣政府」？

一九七二年六月一日，蔣經國正式接任中華民國行政院院長。六月中旬，蔣介石心臟病復發，一病不起，從此沒有在公眾場合露面，臺灣進入了蔣經國時代。蔣經國辦外交，以中華民國的主權獨立為核心，制定了「彈性外交」新策略。一九七四年，蔣經國在施政報告中強調要「盡力同友好國家保持關係，並以各種方式擴大我們與國際家庭的實質性關係」。中華民國這種新的外交在一九七二年至一九八八年間逐步發展，目的是打破「上海公報體制」的框限。

一九七二年二月《上海公報》發表後，臺美關係已發生基本的變化，但是尼克森及繼任的福特總統，在推行與中國關係「正常化」政策時，仍多次向中華民國保證維持外交關係及「共同防禦條約」。一九七七年二月，卡特就任總統後第二個月，即下令國務院會同有關部門就中國問題做全盤檢討。國務卿範錫（Cyrus R. Vance）於一九七七年八月訪問北京，向中國做初次試探。範錫提出中美建交後，美國「把在北京的聯絡辦事處搬到臺灣」的方案，但鄧小平堅決不同意。此後九個月中美關係轉趨沉寂。一九七八年五月，卡特又派國家安全顧問布里辛斯基訪問北京，與鄧小平達成秘密諒解，雙方開始建交談判。卡特於六月十二日透露美國對於美中建交的條件，包括美國繼續對臺供應武器，和中國必須表明不使用武力尋求與臺灣統一。此後，卡特、範錫以及國務院官員在談到中美關係時，仍說所謂「正常化」的模式及時間，均無決定。可是，蔣經國對臺美斷交是有心理準備的。

1974 年 9 月 16 日，蔣介石 88 歲華誕留影（國史館）

一九七七年六月十七日，外交部長沈昌煥就臺美可能斷交的情勢，準備好「應變計劃」，提出六十一項因應措施供蔣經國參考，沒想到一年半後就派上用場。

一九七八年十二月十五日，美中雙方商定在十二月十六日上午十點同時對外公布建交。美國駐中華民國大使安克志（Leonard S. Unger）在十二月十五日晚間十一點才接到國務卿范錫的密電，要他在十六日早上七點去告訴蔣經國。安克志顧不得當時是半夜，隨即打電話給蔣經國英文秘書宋楚瑜，要求第二天一早晉見蔣經國。經過兩人一番交涉，十六日凌晨一點多，安克志又電告宋楚瑜，表示願意立刻晉見蔣經國。

一九七八年十二月十六日凌晨二點多，宋楚瑜搖醒早已入睡的蔣經國，告知安克志有要事即刻來見，宋與外交部次長錢復隨即陪同蔣經國接見安克志。安克志一開頭就說，卡特將於幾小時後宣布臺美斷交。他說，「卡特總統特別讚佩中華民國在面對痛苦現實所表現的力量與自立自強的精神」，但是，「美國認為，美國與中共的關係正常化將顯著地增進世界和平與此一地區之和平，當然美國並不希望說服中華民國接受此一想法，但願慎重保證，美國絕無意放棄在此一地區之利益、和平與安全，亦無意放棄對臺灣福祉之關切」。雖然美臺要斷交了，安克志仍代表美國表示對臺灣的關心，希望不要將場面弄得太尷尬。

蔣經國不理會這些外交辭令，立即表示：「承認臺灣為中國之一部分，余肯定而言，

1977 年 12 月 5 日，蔣經國會見美國參議員賈維茨（國史館）

美國已拱手把臺灣送交共匪，任其處置。」他質問安克志，美國「一方面說和平解決臺灣問題，一方面又說臺灣問題由中國人自己解決。如共匪揚言此為其內部問題將何言以對？……共匪難道會同意用和平手段解決這個問題嗎？」蔣經國追問「事實上美國過去曾要求共匪公開聲明不以武力解決臺灣問題，共匪難道答應了嗎？」面對蔣經國一連串又急又氣的逼問，無法招架的安克志回答：「沒有。」蔣經國特別指出，美方聲明中提到將來臺灣問題由中國人自己解決，殊為不當，「中華民國面對此一情況，只有從兩條路中解決——面對滅亡或鬥爭求生」。

結束與安克志的會面之後，蔣經國於凌晨三點緊急召集決策高層，鎮定指揮了六個小時的危機處理，盡可能把對臺灣的衝擊降到最低。十二月十六日凌晨，經過三小時的討論，蔣經國決定採取三項緊急處分：軍事單位採取全面加強戒備之必要措施；行政院經濟建設委員會會同財政部、經濟部、交通部採取維持經濟穩定及持續發展之必要措施；正在進行中之增額中央民意代表選舉，延期舉行，即日起停止一切競選活動。同時，蔣經國接受沈昌煥辭職，由蔣彥士出任外交部長。

一九七八年十二月十六日上午十點，中美發表建交公告。在同一天，美國政府也發表了單方面聲明，在確認與中華民國斷交、廢約、撤軍之後，卡特表示「美國對臺灣問題的解決將繼續保持極大的關心，並期望臺灣問題由中國人民自己和平解決」。對此，中國單方面聲明「解決臺灣回歸祖國，完成國家統一的方式，這完全是中國的內政」。蔣經國也立即發表聲明，指責美國政府背信毀約，同時呼籲臺灣同胞與政府通力合作，共度難關。他強調中華民國在任何情況下，絕不與共匪偽政權談判，絕不與共產主義妥協，亦絕不放棄光復大陸、拯救同胞之神聖使命。

一九七八年十二月二十日，外交部次長錢復約見安克志，提出六件事項：「護僑，保產，協助我維護與他國之外交關係，維護條約協定效力，設立新機構，繼續軍售」，以確定臺美實質關係得以延續。錢復特意提出臺灣「在美設立之機構應訂名為『中華民國聯絡辦事處』，這是經我當局核定的」。安克志對其中五項敷衍了事，唯獨正面回應設立新機構一事，安克志說，美國可接受在美成立一種「公司」型的新機構，「此一『公司』並非商業性質，而是法律個體，目的在維持並處理實質問題，它將不具有外交地位，或代表美政府」。錢復當即正告「公司」方式非中華民國所願接受。錢復的方案雷同國務卿范錫曾向鄧小平提出過的「倒聯絡處方案」，但此方案早已被鄧小平否決，事實上，臺灣在美機構名稱成為日後臺美談判的爭論焦點。

十二月二十七日，美國副國務卿克里斯多福（Warren M. Christopher）率團抵臺磋商臺美未來關係。錢復在機場迎接時，發表了一篇措辭強硬的談話。這份稿子不是外交部寫的，而是宋楚瑜召集學者專家草擬，經沈昌煥和蔣經國修改批准的，因為蔣經國體認到「如果這個時候政府表現軟弱的話，將得不到人民的支持，而且內憂將比外患來得嚴重」。美國代表團在機場裡被錢復抨擊後，到機場外又遭民眾示威抗議，讓克氏飽受驚嚇，吵著要立即返回華盛頓。後來經臺灣官方再三保證其安全，才勉強留下來談判。

中華民國與美國對於斷交後的關係安排，其談判過程持續數日，在此過程中，臺方未如美方所預料地在代表中國合法性問題上相爭，而是集中全力爭取美方承認中華民國在臺澎金馬的「法理」與「事實」之存在和法律地位。錢復在談判中堅決主張，鑒於中華民國有效控制臺澎金馬地區，因此美國應在此範圍內給予法理上之承認。美方極力反對錢復的要求，說美國已經承認「中華人民共和國」為中國之唯一合法政府，因此，若給予臺灣任何方式的法理承認，將違反卡特總統的政策。克里斯多福警告臺方勿對追求「法理」承認一事心存幻想，而應注意現實問題，談判雙方無法達成共識。

十二月二十九日，蔣經國第二次接見美國代表團，親自提出臺美關係的五項新原則：「持續不斷、事實基礎、安全保障、妥訂法律以及以政府關係為依據。」蔣經國要求美國繼續承認中華民國的法律地位和國際人格：「中華民國自一九一二年建國以來，一直是一個獨立之主權國家，中華民國是中國文化與中國歷史唯一真正的代表。中華民國政府是依據《中華民國憲法》所產生的合法政府。中華民國的存在一向是一個國際的事實。中華民國的國際地位及國際人格，不因任何國家承認中共偽政權而有所變更。美國應當繼續承認並尊重中華民國的法律地位和國際人格。」在此，蔣經國已放棄爭論誰是中國唯一合法政府，轉而強調中華民國是一個主權獨立的國家，其存在是一個國際法的事實。他主張中華民國獨立的國際人格，不因美國終止外交承認而有所變更。他要求美國給予臺澎金馬法理上的承認。

蔣經國堅持要求雙方維持政府與政府間的官方關係，強調「中華民國國體不容損害；臺海安全必須有確實之保障立法；雙方關係機構必須基於政府之基礎」。但是，美國代表團並不理會蔣經國的要求，一切以與中國達成的協議為考量，根本不顧臺灣的立場和主張。

1978 年 12 月 27 日，美國副國務卿克里斯多福率團抵臺磋商臺美未來關係，遭民眾示威抗議

雙方花了三天時間談判，在中華民國法律地位和臺灣安全保障問題上毫無交集，卡特政府似乎將中華民國置於自生自滅之境，完全否認中華民國的主權獨立。美國代表團甚至在雙方尚未達成任何協議的情況下，即匆忙離去，不願再回臺北談判。

由於雙方在臺談判沒有取得任何結果，事後美國同意由蔣經國總統的私人代表，外交部政務次長楊西崑，在華盛頓與美國國務院繼續談判雙方關係。卡特政府依舊堅持美國只與「臺灣人民」在「非官方」基礎上維持商業、文化等關係。但臺灣除了重視實質問題，又力圖將雙方關係賦予官方涵義。楊西崑希望美方能事實上承認臺灣之法律地位，但國務院執意反對。經過雙方反覆交涉兩個月後，楊西崑最後只爭取到美國不公開駁斥臺灣單方面宣稱雙方關係仍屬「官方性質」這樣的結果。美國宣稱「美國在臺協會」是一個非營利性民間機構，未來美臺間的關係是非官方關係；另一方面，中華民國則是宣告未來臺美關係仍具有官方性質，雙方並不批駁彼此的說詞。一九七九年二月十五日，蔣經國宣布設立「北美事務協調委員會」是「基於現實需要，不得不以打落門牙和血吞的堅忍沉毅，來處理當前變局」。

蔣經國在此後的兩個月裡，領導中華民國外交官們努力奮戰，推動美國國會通過《臺灣關係法》，在某種程度上補救了臺美斷交對臺灣不利的法律影響。一九七九年二月二日，

1982 年 3 月 26 日，蔣經國會見「中美經濟協會」理事長甘迺迪（國史館）

蔣經國接見「中美經濟協會」理事長甘迺迪（David M. Kennedy，美國前財政部長），討論美國國會與總統爭執《臺灣關係法》當中的不同意見。由於使用何種國家名稱，將對卡特總統簽署或否決《臺灣關係法》有決定性的影響，所以甘迺迪希望能得到蔣經國明確指示國家名稱問題。蔣經國抱怨：「美國行政當局，似乎將中華民國置於自生自滅之境，而聽其自然。以往我們誤以為卡特會用『臺灣當局』、『臺灣政府』等詞，豈料他竟然用毫無法律效力的『臺灣人民』取代。」蔣經國強調，以中華民國立場而言，當然是用正式國號為最理想，但為了實際情況的需要與能接受的最低限度，「臺灣當局」和「臺灣政府」是唯一能暫代的名稱。他說「美國雖然視我國為『臺灣政府』，但我們將永遠自視國號是『中華民國』。為了『臺灣政府』一詞，在卡特的法案裡能予我法律實效及順利通過立法程序，我們希望這一修改上能堅持『臺灣政府』。」由此可見，在推動《臺灣關係法》的制定過程中，蔣經國要求美國國會以「臺灣政府」這名稱來稱呼「中華民國」，甘迺迪贊同蔣經國的主張。

一九七九年三月十六日，蔣經國在接見美國「聯合國同志會」時指出：「在中美斷交之後，尤其是彼此關係變異之際，中華民國的一切，並未因美國政策的改變而生變化。我們政府的實體、組織及成員依舊，我們的人民還是原有的國民；目前，我們政府依然有效地控制原有的領土；我們與世界其他國家還保持著原有的關係。」蔣經國談到臺美關係的現實問題時，堅持誰都無法否定中華民國存在的實質，他最關切的仍是中華民國在國際法中的地位，但他也默認中華民國的領土就是有效控制的臺澎金馬。

針對臺美斷交所帶來的變化，美國國會制訂《臺灣關係法》，作為美國與無邦交的臺灣進行交往的法律依據，該法於一九七九年四月十日由國會通過後經卡特簽署生效。由於卡特政府的強烈反對，《臺灣關係法》最終沒有使用「臺灣政府」一詞，而是用「臺灣統治當局（在一九七九年一月一日前美國承認其為中華民國）」取而代之。《臺灣關係法》並未表示美國對臺灣主權現狀的認定以及未來歸屬的看法，它只是一個規範美國繼續與臺灣交往的法律，它雖然承認臺灣是一政治實體，但仍確認美國與臺灣是非官方關係。該法對於「臺灣」一詞的定義為：「包括臺灣本島及澎湖，該等島嶼上之人民，依據適用於該等島嶼之各項法律所設立或組織之法人及其他的實體及協會，以及在一九七九年之前被美國承認為中華民國的在臺灣之統治當局，及任何繼承之統治當局（包括其政治區域、機構及實體）。」《臺灣關係法》沒有覆蓋金馬，這對臺澎金馬的整體安全留下個缺口。

《臺灣關係法》在某種程度上補救了美國與中華民國斷交後對臺灣不利的法律效果。美國與中華民國維持的關係是無邦交國與中華民國維持實質關係之最高型式，此種情勢在總統制的美國較易發生。由於美國憲法未規定國際法高於國內法，因此國會有權制定影響國際協議效力的法律。事實上，《臺灣關係法》是經美國國會參眾兩院通過、總統簽署生效的，而中美三項公報只是中美行政當局簽署的協議，並非經過兩國立法機構批准的條約，所以，從美國國內法角度看，《臺灣關係法》的效力高於三項公報。

所謂臺美「實質關係」，是指兩國在沒有正式外交關係時，以準官方的形式從事雙邊的政治、軍事、外交關係，它是臺灣在國際社會中求生存的一種主要模式，也是中美建交後美國對臺政策的主要特點。臺美斷交時，卡特曾聲明：「美國人民和臺灣人民將在沒有外交關係的情況下保持商務、文化和其他關係。」但在美國國會通過《臺灣關係法》之後，臺美之間實際上維持的是準官方關係，包括軍事關係，只不過臺灣既重視實質，也看重名分，而美國只重視實質，不願在名分上過於渲染，以免中國交涉。臺美斷交後，兩國政府重新審定了雙方的條約關係，不僅原有條約大多不予廢除，相反還可以簽訂新的協定，而且這些協定同美國與其他國家簽訂的條約具有同等效力，這說明美國政府承認臺灣為事實上的「國際法人」。臺美斷交後，卡特曾下達一項行政命令：凡美國的法律、規章和政令涉及「外國」和「其他民族」、「國家」、「政府」或類似實體的，各部門在解釋那些名詞和執行這些法律、規章和政令時都應包括臺灣在內。顯然，這個行政命令揭示了臺美關係「非官方」形式下的官方實質。

蔣經國將中國視為臺灣的唯一威脅，臺灣早期安全政策是建立在臺美「共同防禦條約」的基礎上，然而，一九七九年以後，臺灣的安全不可能繼續依賴這種保護。中華民國的安全政策不得不轉向發展「獨立自主」的對外關係，試圖利用國際政治的相互制衡去追求臺灣的安全利益。當然，臺灣仍需要美國的支援，但這種支持已從條約義務的形式改為實質的關係。中華民國安全政策的核心是確保美國執行《臺灣關係法》，而鄧小平認為《臺灣關係法》本質上不承認一個中國，否定了中美關係正常化的政治基礎，蔣經國與鄧小平圍繞《臺灣關係法》進行了長期殊死博鬥。

一九八七年十月十五日，蔣經國生前最後一次約見「美國在臺協會」主席羅大為時說：「我們與中共、美國三方面的關係，在當年第七艦隊協防臺灣之後，杜勒斯國務卿與先總統蔣公，對臺灣問題曾發表聲明，那個時候是一九五八年十月。他們那個時候的談話，就是我們現在政策的基礎，我們反共政策之所以能夠立足，能夠發展，是要靠美國的市場、美國的武器以及我們本身反共的決心與政策，能夠永遠堅持下去，否則就沒有辦法在世界上立足。」

一九七二年六月，蔣經國出任行政院長後，為了擺脫外交孤立困境，保衛中華民國主權獨立，他謀求在國民黨統治下，推行「中華民國臺灣化」，把臺灣改革成「民主化和本土化」新國家。臺美斷交後，臺灣民眾面對美國政府無情打擊，依舊努力不懈、奮力求生。臺灣民眾自動自發捐獻救國，捐助國防基金達二十餘億元，後來政府成立「國防工業發展基金會」，利用獻金購買了一個中隊F–5E戰機，稱為「自強中隊」。一九七九年後，蔣經國調整外交政策，修改了「漢賊不兩立」政策，發展與無邦交國家的官方關係。在具體做法上，他也放棄了原來對中國絕對排斥的態度，而採取在兩岸關係上力爭對等地位的做法。

總之，蔣經國改變蔣介石的被動防守態度，採取主動進取的策略。蔣經國在一九七九年臺美斷交之初就倡議用「臺灣政府」名稱，他的主張與當今臺灣的主流民意是一致的，即「中華民國認同」與「臺灣認同」應相互接納，他領導臺灣的政治轉型和經濟飛越，也對中臺美三角關係的形塑留下深遠影響。中華民國能承受住巨大的外部衝擊而生存下來，蔣經國領導有方，功不可沒，稱他為現代臺灣國父之一並不過分。

3. 美國會保障臺灣的安全嗎？

臺美斷交後，蔣經國領導臺灣朝野歷盡艱苦，推動美國國會通過《臺灣關係法》，才為臺灣的安全和美國對臺軍售爭取到某種法律保障。一九七八年十二月十六日，中美宣布建交後，卡特總統單方面聲明「美國將繼續關心臺灣問題之和平解決」。十二月十六日凌晨二點，美國駐臺大使安克志通知蔣經國，美國即將終止美臺「共同防禦條約」，蔣經國震驚之餘立即質問：「事實上美國過去曾要求共匪公開聲明不以武力解決臺灣問題，共匪難道答應了嗎？」面對蔣經國的逼問，安克志無言以對，只能回答：「沒有。」蔣經國強調，「美方聲明中尤其提到將來臺灣問題由中國人自己解決，殊為不當」。他表示，「中華民國面對此一情況，只有從兩條路中解決——面對滅亡或鬥爭求生」。

一九七八年十二月二十日，外交部次長錢復約見安克志，明確要求美國為繼續軍售立法：「關於鄧匪小平及華匪國鋒不允許美對我繼續提供武器之言論，吾等均已有所悉。貴國一再強調關切臺灣之安全和福祉，故對我武器之提供必感至為重要。在中美仍有外交關係時，我軍方已發現向貴國作軍事採購至為不易，至中共人員派駐貴國後，此事當益形困難。故我要求貴國能採取立法行動為確保臺灣之安全，應便利對我繼續供應軍品。」可見，中華民國外交部此時已對美國國會立法的實質內容提出了明確和正式要求，事後證明，《臺灣關係法》基本上滿足了這些要求。

一九七八年十二月二十七日，美國副國務卿克里斯多福抵臺磋商美臺未來關係。在談判一開始，蔣彥士外長就指出「卡特總統一再強調對中華民國人民的安全與福祉的關切；而這一政策的實現，全靠這一地區的安全是否得到保障。我們認為僅憑判斷或期待中共『無意』或『不能』用武力侵略臺灣，是不切實際、非常危險及有嚴重後果的。」因此，蔣彥士再次要求「美國政府應立即經適當的立法，對中華民國的安全繼續提供具體有效的保障，包括同意不斷地供應現在和將來所需武器在內。」

十二月二十九日，蔣經國第二次接見美國代表團，親自提出臺美關係的五項新原則：「持續不斷、事實基礎、安全保障、妥訂法律以及以政府關係為依據。」蔣經國提出「為確保西太平洋地區，包括中華民國之和平及安全，美國亟需採取具體有效的措施，並對此一地區各國重申其保證。」雖然卡特表示，在臺美「共同防禦條約」終止以後，他仍將關切臺灣地區的和平與安全，並繼續向臺灣提供防禦性武器，但蔣經國並不放心美國口頭上的保證，因此強烈要求「美國必須就此項承諾向我國提出法律上的保證」。幾天之內，臺灣反覆要求美國立法保證向臺灣提供防御性武器，而且提出的級別一次比一次高。美國代表團則辯稱，中共沒有以動武來解決臺灣問題之迫切理由，現在中共也無能力對臺灣發動有效之兩棲登陸作戰；另外，北京必須避免採取可能危及其與美日間良好關係的行動。美國判定臺灣沒有安全上的迫切需求，克里斯多福甚至警告，美國政府不可能再對臺灣提供安全保證。

接著，不顧臺灣的要求，一九七九年一月二十九日，卡特政府向國會提出對臺關係「綜合法案」草案，以規範美國與「臺灣人民」在「非官方」基礎上維持商業、文化等關係。該草案極為粗糙，完全缺乏保障臺灣安全和對臺軍售的條款。針對卡特政府的消極態度，蔣經國堅決推動美國國會修改卡特的草案。實際上，蔣經國對美國斷交毀約是有心理準備的，按照事先準備的「應變計劃」，蔣經國在此後的四個月裡，領導臺灣外交人員為國效力，努力推動美國國會通過《臺灣關係法》。中華民國駐美外交官在胡旭光公使領導下，竭盡所能地向國會議員遊說，闡述臺灣的主張。大敵當前，不少民間人士，例如企業家辜濂松等「七壯士」，自動組團去華府拜會國會及行政部門，以尋求改進臺美關係的可能性；「聯鼎」事務所丁懋松律師以三個月的時間全力協助外交部對美談判；甚至在紐約養病的宋美齡也都積極參與對國會議員的遊說工作；流亡美國的彭明敏和陳唐山也應邀在國會作證，反對中國武力侵臺。集眾人之力，最終使國會大幅修改「綜合法案」草案為《臺灣關係法》，在某種程度上補救了美國終止「共同防禦條約」對臺灣安全的衝擊。

就在卡特政府提出「綜合法案」的前幾天，即一九七九年一月二十六日，蔣經國接見美國艾希布魯克（John Ashbrook）議員等訪問團時表示：「美國政府與人民對下述三點必須確切體認：一、政治上：今天已有八億中國人口在水深火熱之中，美國絕不可以再讓自由中國一千七百萬的人民，接受殘酷的共產制度，落入火坑。二、經濟上：近十年來的蓬勃成長，中華民國已成為世界經濟體系的重要部分，同時也是美國的重要貿易夥伴。今後在我國的經濟成長及與美國之間的貿易都不可以使之萎縮。三、軍事上：臺灣地方雖小，但在戰略地位上卻無比的重要。往昔太平洋能夠安定，與我們的存在及中美協防條約息息相關。如果太平洋防線上失去我們，美國的太平洋防線即為之突破，而必須退到夏威夷。以上三點是基於中美兩國的共同命運、兩國共有的利益與前途而提出的。」與鄧小平親自到美國國會遊說針鋒相對，蔣經國也親自遊說美國議員。

一九七九年二月二日，蔣經國在接見「中美經濟協會」主席甘乃迪，討論美國國會與總統爭執《臺灣關係法》立法時，兩人最關心的，就是中華民國的安全問題。他們同意，雖然當時國會情勢對臺灣有利，但它的運用則要靠臺美雙方的共同努力。甘乃迪告訴蔣：「如史東（Richard Stone）參議員提出的法案，針對著中華民國的安全問題。我們希望美國行政當局能夠接受，而事實上也可能被接受。這正是我們需要努力促成、協力推動的問題之一。」甘乃迪還透露，針對中華民國安全問題所提的議案，國務院官員曾表示：「卡特總統雖因受制於對匪的承諾，無法提出有利於中華民國的法案，但是一旦有利於中華民國的法案在國會通過之後，卡特總統將不會否決。」蔣經國回答：「目前正是我國最需要美國人民對我們的支持與鼓勵的時刻，他們的協助，無任感銘。」

一九七九年三月十六日，蔣經國在接見美國「聯合國同志會」時指出：「安全對我們是很重要的，匪偽政權可能已將解決臺灣列為急務，在口頭宣傳上，匪偽高唱『和平統一』，但是，它絕不會不使用武力。當面對武力侵犯時，我們的戰力需要加強……中華民國有兩百萬後備軍人，因此人力並不構成問題。重要的是，貴國多年前提供的裝備，就今天的戰鬥而言，已形落伍。我們需要新武器來防衛自己，抵禦匪軍的侵襲。」

當時，卡特的「綜合法案」在國會審議時飽受批評，保守派和自由派的兩黨議員都批評卡特未給予臺灣安全保障。一九七九年二月十五日，蔣經國致電當時在紐約的宋美齡「希望美國國會能為臺海及西太平洋安全立法，或可以稍補中美斷交最大之缺陷與遺恨」。當國會議員考量美臺未來關係時，臺灣安全始終是他們的關切所在。臺灣駐美外交官與美國國會密切聯繫，提供資料和建議，由於這群駐美官員的努力，也使得整個國會氣氛逐漸轉向親臺，並決心在臺灣安全上負起責任。最後，在議員們針對臺灣安全提出的許多議案基礎上，國會大幅更改了行政當局送交審議的草案，並將該法案改名為《臺灣關係法》，以作為美國與無邦交的臺灣進行交往的法律依據。國會議員對制定新法案的努力，顯示臺灣

1980 年 12 月 26 日，蔣經國會見美國參議員史東夫婦（國史館）

在美國有很多的朋友。

美國國會眾參兩院分別在一九七九年三月二十八日及二十九日表決通過《臺灣關係法》，四月十日，經卡特簽署成為美國國內法律並追溯自一九七九年一月一日生效。美國訂定該法的要旨為：「本法乃為協助維持西太平洋之和平、安全與穩定，並授權繼續維持美國人民與在臺灣人民間之商業、文化及其他關係，以促進美國外交政策」。

一九七九年九月三日，蔣經國再次接見「中美經濟協會」主席甘乃迪，回顧了他處理臺美斷交的過程，他說：「我們的確體驗到處理中美問題的困難。但一直堅守著既定的政策與原則，尋找適當的新途徑來求取中美關係的進一步發展。」臺灣多年來在美國國會培養的友誼，使國會不顧中國的反覆強烈抗議與鄧小平親自到國會遊說，而將卡特政府所提的「綜合法案」認真審議修改為《臺灣關係法》，成為三十多年來美臺關係的基石。回顧《臺灣關係法》的立法過程，臺灣朝野對美國國會的成功遊說也是功不可沒的。

4. 美國對臺六項保證是怎麼來的？

對臺六項保證是一九八二年七月雷根總統向蔣經國總統提出的，在什麼樣的背景之下，雷根要提出這六項保證呢？一九七九年一月一日，美國與中華民國斷交，也終結了美臺軍事同盟關係。不過，由於戰略和政治上的考量，在美中建交談判過程中，美國聲稱自己有義務保障臺灣的安全，堅持有選擇地向臺灣出售武器。在美臺斷交後，美國國會認為有必要制定《臺灣關係法》將美國對臺軍售和提供其他「防務保障」的義務法律化。《臺灣關係法》基本上反映了美國政壇對臺的主流政策觀點，那就是：美國要和中國建立正常的外交關係，但是不能放棄在臺灣的朋友，不能因為臺灣被中國武力攻佔而影響到東亞盟友們對美國的信心。歷屆美國政府，基本上也是遵循著這一法案的對臺政策。

一九八一年初，雷根新政府上臺。雷根出任總統前以強硬反共著稱，他本人曾訪問臺灣兩次，發表過許多親臺言論，而雷根上臺後更在臺灣問題上對中國採取強硬的態度。對此，鄧小平在一九八一年一月四日會見美國史蒂芬參議員時反擊：「我們說中美關係停滯不好，倒退更不好，但是一旦發生某種事情迫使我們關係倒退的話，我們也只能正視現實。至於倒退到什麼程度，那要看導致倒退的來勢如何。這種話說多了並不好，但要明確一點，即在臺灣問題上如果需要中美關係倒退的話，中國只能面對現實，不會像美國有些人所說的那樣，中國出於反對蘇聯的戰略會把臺灣問題吞下去，這不可能。」當時，雷根認為對蘇聯採取強硬的政策，將會紓緩蘇聯對中國的壓力，這對中國國家安全有利。但是，鄧小平認為不能因為美國對蘇聯的強硬政策而妥協美國對臺軍售一事，中美聯合反蘇和中國處理臺灣問題不能混為一談。

一九八一年六月十六日，鄧小平在北京會見了雷根的國務卿海格。鄧小平說：「擺在我們面前最敏感的問題還是美國向臺灣出售武器。現在臺灣海峽形勢很平靜，有什麼必要不斷向臺灣出售武器？這樣的問題涉及到中國最大的政策之一，就是要統一祖國，使臺灣回歸祖國。就中國方面來說，希望發展兩國的關係。但我們也不迴避。不能不想到，假使這個干擾行動太厲害會引起相應的反應，導致中美關係停滯，甚至倒退，思想上要有這種準備。」鄧小平講得霸氣：如果美國在對臺軍售問題上毫不理會中共的民族感情，那就讓中美關係倒退，在所不惜。

一九八一年九月三十日，中國全國人大委員長葉劍英發表了對臺政策的九點聲明。在此聲明之後的十月十八日，鄧小平會見美國前國防部長布朗（Harold Brown）時再次威脅說：「對臺灣的局勢，蔣經國能夠控制。在葉劍英委員長的九點聲明發表以後，美國沒有理由向臺灣提供武器。在這個問題上如果處理得不好，的確存在著中美關係停滯或倒退的問題。」

面對中國的這些威脅，雷根不得不考慮美中關係與對臺軍售之間的戰略得失，最後做出讓步。一九八一年十月二十二日，在墨西哥坎肯的經濟高峰會議中，中國總理趙紫陽向雷根當面提出軍售問題。會後，中國外長黃華訪問華府，給海格更大壓力，以至美國國務院暫時停止所有對臺軍售。到了一九八二年五月，對中國友好的布希副總統訪問北京，面交雷根給中共總書記胡耀邦、國務院總理趙紫陽和鄧小平的三封信，信中對葉劍英提出的九點聲明，表示讚賞。針對此事，中華民國外交部次長錢復奉蔣經國的指示，於五月十一日會見「美國在臺協會」處長李潔明，表達對雷根所寫的三封信之高度關切，呼籲美國勿受中共和平統戰攻勢所迷惑，臺灣不會相信中共的建議。

一九八二年八月十七日，雷根政府與中國簽署了《八一七公報》，確認美國今後「向臺灣出售的武器在性能上和數量上不超過中美建交後近幾年的水準」，對臺軍售將「經過一段時間導致最後的解決」。《八一七公報》是美國與中國在建交後所簽訂的重要協議，其中除對售臺武器之質與量有所規定外，關於「一個中國」，另有相關文字：「美利堅合眾國承認中華人民共和國政府是中國的唯一合法政府，並認知中國人的立場，即只有一個中國，臺灣是中國的一部分……美國政府非常重視它與中國的關係，並重申它無意侵犯中國的主權和領土完整，無意干涉中國的內政，也無意執行『兩個中國』或『一中一臺』的政策。」此段文字顯示美國在臺灣問題上已再退讓，把尼克森的秘密承諾變成公報文字，

1984 年 5 月 20 日，蔣經國接見「美國在臺協會」處長李潔明（國史館）

但並不說明雷根政府已完全接受中國的「一國一府」的立場。雷根政府與中國簽署《八一七公報》，由主張與中國維持良好關係以對抗蘇聯的國務卿海格和助理國務卿何志立主導，雷根本人是很不情願地被國務院推著走。

「美國在臺協會」理事長丁大衛（David Dean）事後秘密報告蔣經國：「當時（美中）已談判了很久，不可能再撤退，所以只能在公報中做一些措辭含混的說明，以便雙方可隨己意解釋。雷根總統對貴國與閣下的友誼均極深厚，他本人並不願意公報對貴國有不利影響，故另外發表一片面聲明。」丁說：「這次美國與中共能夠順利發表聯合公報，有三個原因：一、海格辭職使中共慌張。二、美國先將出售給貴國的時間通知中共，表示合作生產勢在必行。三、鄧小平希望公報在『十二大』以前發表。因此他們同意從其一貫立場撤退，那就是說：第一，軍售不定截止期限。第二，軍售之減少與中共和平統一政策間接掛鉤。第三，軍售之質與量之有關文字保持含混。所以有許多人認為中共讓步較多。」

為了補救《八一七公報》給臺灣所帶來的負面影響，雷根通過「美國在臺協會」理事長丁大衛、處長李潔明（James R. Lilley），向蔣經國提出了六項保證。蔣經國為了安定臺灣民心，決定在《八一七公報》公布當天，同時發表反對《八一七公報》的聲明和公布雷根的六項保證。但是，美國國務院事先警告臺灣，此六項保證內容非常敏感，務必謹慎處理，因此，中華民國外交部在發布新聞時避開了一些敏感字眼。一九八二年八月十八日，中華民國外交部針對《八一七公報》回應如下：在所謂《聯合公報》進行磋商過程中，美方曾將有關發展告知中華民國政府，中華民國政府亦曾迭次將其一貫之反對立場告明美方；美方於本年七月十四日循適當途徑，向我方表示下列事項：

1美方未同意在對我軍售上，設定結束期限。

2美方對中共要求就對我軍售與其事先諮商未予同意。

3美方無意扮演任何我與中共間調解人之角色。

4美方將不同意修改《臺灣關係法》。

5美方並未變更其對臺灣主權之一貫立場。

6美方無意對我施加壓力與中共進行談判。

《八一七公報》發表後，雷根還簽署了一份對內的秘密備忘錄，以闡明他批准《八一七公報》的意圖：「導致簽署此一公報的會談，有一個前提，即美、中雙方清楚理解到，任何減少對臺軍售要以臺灣海峽和平，以及中國維持其尋求和平解決臺灣問題之基本政策為前提。簡單的說，美國願意減少對臺軍售，有一個絕對條件，就是中國承諾和平解決臺灣與中華人民共和國之間的歧異。大家應清楚理解到，這兩者之間的關聯是美國外交政策的永久戒律。此外，供給臺灣的武器之質與量，完全要視中華人民共和國構成的威脅而定。就質與量而言，臺灣相對於中華人民共和國的防衛能力，必須予以維持。」雷根的這份備忘錄，當時臺、中雙方都是不完全知情的，不然鄧小平可能會爆跳如雷。

一九八二年九月八日，鄧小平會見美國前總統尼克森，在談到中美《八一七公報》時，鄧小平指出：「當然問題並沒有完全解決。在這個問題上，要看今後美國政府的實際行動。應該冷靜地承認，發展兩國關係並不是沒有障礙，障礙還很多。最大的障礙還不是向臺灣出售武器問題，比這更具有長期影響的還是《臺灣關係法》。」鄧小平認為，假如美國的《臺灣關係法》和美國向臺灣售武的問題得不到解決，臺灣問題也就始終不能得到解決。鄧小平對臺灣問題始終不排除使用武力的戰略考慮，就是與美國的《臺灣關係法》及對臺軍售政策針鋒相對的。

即便經歷了《八一七公報》的打擊，一九八二年九月二十七日，蔣經國在約見「美國在臺協會」理事長丁大衛、處長李潔明談話時，態度仍是友好的。他說：「我認為最重要的一點就是彼此建立了溝通的孔道。過去連講話的機會都沒有，現在彼此可以說明自己的原因、困難，彼此也都能瞭解對方，尤其是雷根總統對我國表現的關切。他瞭解我們，我們也相信他，對他有信心，這是一個很重要的因素。其次，「美國在臺協會」，不論在華府或在此，為了雙方共同利益，做了很多事，對中美雙方均有很大貢獻。第三，中華民國政府與我個人對雷根總統的處境十分瞭解與同情，我們總會想到他的困難，這是我們處理中美關係的主要原則。」

隨著對中國事務瞭解的加深，在《八一七公報》以後的執政歲月中，雷根在臺灣問題上盡可能避免採取激進立場。從六項保證的內容以及雷根執行《臺灣關係法》的情況來看，美國在發展美中關係的同時，繼續採取「雙軌制」，保持和發展與臺灣的「實質關係」。在雷根政府時期，美國政策實際上可以說是「一個中國，一個政府，與一個政治實體」。李潔明大使曾指出：「雙軌交往就是美國在對中國和臺灣的關係上，維持均衡發展。美國一方面努力在經濟領域對中國開放，也以轉移軍事設備發展戰略夥伴關係；同時，美國也推動臺灣開發防禦戰鬥機，以及協助臺灣參與國際金融組織。要處理如此棘手矛盾的政策，可讓華府的亞洲事務決策官員傷透腦筋；可是，泛亞派不僅處置得宜，還能跟兩岸發展關係，的確不簡單。」所以，李潔明認為，一九八三到一九八八年這段時間，是美中和美臺關係的「黃金時期」。

5. 什麼是「蔣經國路線」呢？

什麼是「經國路線」呢？「經國路線」的核心思想有三項：一、堅持中華民國主權獨立，提倡「中華民國認同」與「臺灣認同」互相接納。二、反對「一國兩制」，堅持反共不反中。三、堅持親美外交路線，堅定站在自由世界一邊。

首先，蔣經國始終堅持中華民國主權獨立。蔣經國在一九七八年十二月十六日凌晨兩點被美國大使安克志通知美臺斷交時，他強調：「承認臺灣為『中國』之一部分，余肯定而言，美國已拱手把臺灣送交共匪，任其處置。余坦白以言，美方以為如此可仍然保持臺灣內部安全繼續發展，事實亦斷不可能。美方聲明中尤其提到將來臺灣問題由中國人自己解決，殊為不當。」蔣經國表示「中華民國面對此一情況，只有從兩條路中解決——面對滅亡或鬥爭求生」。

接著，蔣經國向臺灣人民公開聲明：「美國決定與共匪偽政權建立外交關係，不僅嚴重損害中華民國政府及人民之權益，且將對整個自由世界產生嚴重之影響，其因此所引起之一切後果，均應由美國政府負完全責任。」蔣經國強調，無論國際情勢如何發展，中華民國以一主權國家，無論在任何情況下，絕不與共匪偽政權談判，絕不與共產主義妥協，亦絕不放棄光復大陸拯救同胞之神聖使命。

一九七八年十二月二十九日，中華民國與美國談判雙方斷交後的關係安排時，蔣經國親自提出五項原則：持續不斷、事實基礎、安全保障、妥訂法律以及以政府關係為依據。蔣經國在強調兩國政府間的關係時，重新定位了中華民國的國際法地位：「中華民國自一九一二年建國以來，一直是一個獨立之主權國家，中華民國是中國文化與中國歷史唯一真正的代表。中華民國政府是依據《中華民國憲法》所產生的合法政府。中華民國的存在一向是一個國際的事實。中華民國的國際地位及國際人格，不因任何國家承認中共偽政權而有所變更。美國應當繼續承認並尊重中華民國的法律地位和國際人格。」由此聲明可看出，蔣經國已不再同中共爭論誰才是中國的唯一合法政府，轉而強調中華民國是一個主權獨立的國家，其存在是一個國際法的事實，進而推之，中華民國的國際法人格，不因美國或任何其他國家終止外交承認而有所變更。

堅持中華民國主權獨立的同時，蔣經國亦提倡「中華民國認同」與「臺灣認同」應互相接納，蔣經國在一九七九年臺美斷交之初所倡議用「臺灣政府」名稱，即為此概念的體現。一九七九年二月二日，蔣經國接見「中美經濟協會」主席甘迺迪，討論美國國會與總統爭執《臺灣關係法》立法。由於使用何種國家名稱，將對卡特總統簽署與否決《臺灣關係法》有決定性的影響，所以甘迺迪希望能得到蔣經國原則性的指示國家名稱問題。蔣經國抱怨：「美國行政當局，似乎將中華民國置於自生自滅之境，而聽其自然。以往我們誤以為卡特會用『臺灣當局』、『臺灣政府』等詞，豈料他竟然用毫無法律效力的『臺灣人民』取代。」蔣經國強調，以中華民國立場而言，當然是能用正式國號為最理想，但為了實際情況的需要與最低限度，「臺灣當局」和「臺灣政府」是唯一能暫代的名稱。他說「美國雖然視我國為『臺灣政府』，但我們將永遠自視國號是『中華民國』。為了『臺灣政府』一詞，在卡特的法案裡能予我法律實效及順利通過立法程序，我們希望這一修改上能堅持『臺灣政府』。」由此可見，在推動《臺灣關係法》的制定過程中，蔣經國要求美國國會以「臺灣政府」這名稱來稱呼「中華民國」。其實「臺灣認同」是蔣經國於一九七二年六月出任行政院長後，加速推行「本土化」政策所希望達成的目標。而多年後，即一九八七年夏天，蔣經國說「我來了臺灣四十年，我也是臺灣人」，這句感性的話是有其深遠政治意義的。

其次，「經國路線」反對「一國兩制」，堅持反共不反中。中共方面，則是一直希望能有第三次的國共合作，一九八一年九月三十日，中國人大委員長葉劍英向臺灣提出了九點建議，希望中國共產黨和中國國民黨兩黨對等談判，實行第三次合作，共同完成祖國統一大業。在這九點建議的基礎上，鄧小平提出了「一國兩制」，在一九八二年一月十日，鄧小平說：「九條實際上就是『一個國家，兩種制度』，在實現國家統一的前提下，國家的主體實行社會主義制度，臺灣實行資本主義制度。」

從鄧小平一九八三年六月二十六日對美國楊力宇教授的一席話，能明白看出鄧對當時國共兩黨的理解與期望：「和平統一已成為國共兩黨的共同語言。但不是我吃掉你，也不是你吃掉我。我們希望國共兩黨共同完成民族統一。」但鄧並不贊成臺灣完全自治，因為自治不能沒有限度，既有限度就不能「完全」。他說「『完全自治』就是『兩個中國』，而不是一個中國。制度可以不同，但在國際上代表中國的，只能是中華人民共和國。」鄧願意臺灣成為中華人民共和國的特別行政區，臺灣地方政府在對內政策上可以有自己的一套，甚至可以有自己所獨有的某些權力，但其條件是不能損害統一的國家的利益。鄧提出「統一後，臺灣特別行政區可以有自己的獨立性，可以實行同大陸不同的制度。司法獨立，終審權不須到北京。臺灣還可以有自己的軍隊，只是不能構成對大陸的威脅。大陸不派人駐臺，不僅軍隊不去，行政人員也不去。臺灣的黨、政、軍等系統，都由臺灣自己來管。中央政府還要給臺灣留出名額」。所以，鄧小平建議舉行國共兩黨平等會談，實行第三次合作，而不提中央與地方談判。雙方達成協議後，可以正式宣布。

鄧小平始終對「一國兩制」的構想一往情深，深感「再沒有比一國兩制的辦法更合理的了」。一九八六年九月二日，鄧小平接受了美國「哥倫比亞廣播公司」（Columbia Broadcasting System, CBS）的採訪，鄧小平回答了臺灣有什麼必要同大陸統一的問題。鄧小平認為，臺灣問題「首先是個民族問題，民族的感情問題。凡是中華民族子孫，都希望中國能統一，分裂狀況是違背民族意志的。其次，只要臺灣不同大陸統一，臺灣作為中國領土的地位是沒有保障的，不知道哪一天又被別人拿去了。第三點理由是，我們採取『一國兩制』的方式解決統一問題。大陸搞社會主義，臺灣搞它的資本主義。這對臺灣的社會制度和生活方式不會改變，臺灣人民沒有損失」。鄧小平「一國兩制」的構想，是在當時的歷史條件下，中國領導人所能提出的最富政治智慧的想法，而這構想也影響了中國此後幾代領導人對臺灣的政策，不過，他們似乎都未想到要尊重臺灣人民對臺灣前途的自決權，他們也堅決否認中華民國的主權獨立。

對於鄧小平的「一國兩制」的方針，蔣經國始終不買賬，並早在一九七九年四月，蔣經國即提出「不接觸、不談判、不妥協」的「三不政策」。整個一九八〇年代，他強調「三民主義統一中國」以對抗鄧小平的「一國兩制」。一九八二年十月，蔣經國對美國《新聞週刊》（*Newsweek*）記者批判「一國兩制」，指出中共不守信用，任何期望中共允許臺灣

1981 年 2 月 2 日，蔣經國會見將出任美國國務卿的舒茲（國史館）

與大陸統一後能保留單獨的社會經濟制度，是不切實際的；在大陸人民不能隨時向中共建議改革的情形下，要想中共允許臺灣人民將來隨時提出改革建議，簡直是幻想。

一九八一年二月二日，蔣經國接見舒茲（George P. Shultz，後出任雷根政府國務卿）時，分享他對抗共產黨的經驗：「中華民國反共已有五十年的歷史，犧牲了百千萬的生命，所獲致的血的教訓就是：你不怕共產黨，他就怕你，你怕共產黨，他就不怕你，這是與共產黨作戰的惟一要訣。」一九八四年五月二十日，蔣經國告訴雷根總統特使劉易士（Andrew L. Lewis），中共「曾提出一個國家，兩種制度的說法。兩種制度同時存在於一個國家中，是不可能的。中共不過是用此來引誘我們，我們不會上當的」。他還說：「我們中華民國政府的政策是不會變的。這其中包括我們對美國的政策，以及我們對中共的政策。多年來，雖然在中美關係上有很多變化，但是我們對美國的政策卻是始終如一，未曾改變，有問題，大家可以商量解決。我們對中共的政策是不屈服、不妥協，因為屈服與妥協，將造成我們的毀滅。」

一九八五年十二月九日，蔣經國與「美國在臺協會」理事長丁大衛談話，席間蔣經國以新加坡李光耀總理與他的談話的內容為例，再次表態：「李光耀在北平與鄧小平談到鄧與我以前在莫斯科同學的事，鄧問李要到臺北去否？如到臺北代他向我問好。我對此事沒有任何反應。我們不同中共接觸的政策是不變的。我們根據中國歷史與中共來往的經驗，絕不會與它談。先總統蔣公曾經告訴我說：與中共談判就是自殺，所以無論中共如何威迫利誘，我們都不會變的。」但蔣經國反共不反中，一九八七年二月，他解釋開放民眾赴大陸探親時說「訪親的個人因此能夠親自體驗海峽兩岸同胞生活的懸殊，也可以比較兩種不同制度的孰優孰劣，從而判斷中國的未來，究應採行何種制度方能符合國家利益與人民福祉。」雖然蔣經國修改了「漢賊不兩立」政策、發展與無邦交國家的官方關係、逐漸放棄原來對中國絕對排斥的態度，但蔣經國堅持反共立場，「反共不反中」是其一貫的原則。

最後，「反共」必須要有盟友，因此蔣經國堅持親美外交路線，堅定站在自由世界一邊。國家安全政策是中華民國對外政策的核心，蔣經國將中共視為臺灣的唯一威脅。臺美斷交依然不影響蔣經國親美的外交路線，但是，蔣經國外交政策的中心則改為確保美國忠實執行《臺灣關係法》。一九八一年九月二十五日，蔣經國告訴丁大衛：「（一）多年來吾人始終本於兩個信念：第一，吾人之思想哲學生活方式與美國相同；第二，中美間有共同的利益。因此吾人始終採取行動與美國加強關係。（二）中華民國的國家目標是如何使中國大陸的同胞能脫離共產暴政，重獲自由，此固為一長程目標，但就現階段而言，中華民國站在太平洋之戰略地位甚為重要，吾人的基本觀點是中華民國絕不容中共控制，亦不能落

1981 年 2 月 28 日，蔣經國陪同新加坡總理李光耀夫婦訪問金門（國史館）

入俄共之勢力，因此在臺灣的中華民國的存在，是符合美國對抗蘇俄擴張利益的。」親美的目的是確保中華民國不被中共控制。

蔣經國非常強調與美國共同的反共大業，一九八二年三月十七日，蔣經國接見美國共和黨全國委員會外交顧問艾倫（Richard V. Allen）時說：「中美兩國在表面上雖無外交關係，但實質上，卻是最堅貞、最忠實、最好的國家及朋友。中美兩國之利益是不能分的。試問，如果共黨得逞，美國將得利多少？反之，倘我中華民國，堅強屹立，與美國共同抵擋共黨勢力之擴張，則對亞洲、對世界之和平將關係重大……為自由為反共，堅決奮鬥到底，即使戰至最後一人。此乃我中華民國根本之原則與精神。本此，我國願與美國一起為自由、為反共而奮鬥到底。」

一九八五年十月二十一日，蔣經國接見美國前國家安全顧問克拉克（William Clark）時，再次強調與美國共同的利益、理想與目標，是雙方合作的基礎，能解決任何的問題：「目前中共的策略就是以戰逼和，如果我們同意跟他們談判，無異於自取滅亡。我們有兩個基本立場，對外來說我們永遠與美國站在一起，對內我們堅持貫徹民主憲政，這兩個基本原則，我們絕不改變。」蔣經國認為維持臺灣安全是他最重要的任務，必須有計劃地堅強自己，使中共不敢隨意侵犯。他告訴克拉克「維持自己的力量可以說是維持臺海安全最主要的條件，也是我們為什麼要向美國購買精密武器的理由。臺灣海峽的問題，不僅只是臺灣本身的問題，事實上也是東南亞、東北亞整個的問題。臺灣一但發生變化，整個亞洲其他的地方，也都會跟著發生變化，那時美國的負擔，將會變得更重了。」

一九七二年六月，蔣經國出任行政院長後，加速推行「民主化和本土化」政策，對抗中國的「一個中國」原則，接受「兩個中國」的現實，以保衛中華民國的國際法地位。一九七九年臺美斷交後，為了擺脫「外交孤立」困境，中華民國力圖使自己在國際社會擁有更為「獨立」的地位。從一九七九年一月到一九八八年一月蔣經國去世，蔣經國大幅調整了對外政策，他雖然堅持「反共復國」口號，卻修改了「漢賊不兩立」政策，發展與無邦交國家的官方關係。中華民國將發展與無邦交國的實質官方關係，作為其對外關係的重要目標。一九八七年十月十五日，蔣經國生前最後一次約見「美國在臺協會」主席時說：「我們與中共、美國三方面的關係，在當年第七艦隊協防臺灣之後，杜勒斯國務卿與先總統蔣公，對臺灣問題曾發表聲明，那個時候是一九五八年十月。他們那個時候的談話，就是我們現在政策的基礎，我們反共政策之所以能夠立足，能夠發展。是要靠美國的市場、美國的武器以及我們本身反共的決心與政策，能夠永遠堅持下去，否則就沒有辦法在世界上立足。」蔣經國主政臺灣時期，他堅持中華民國的主權獨立，領導臺灣的政治轉型和經

1984 年 3 月 22 日，蔣經國去李登輝夫婦寓所訪問（國史館）

濟飛越，也對中臺美三角關係的形塑留下了深遠影響。一九八六年十月，蔣經國在國民黨中常會上強調，國民黨今天所面臨的局面是「時代在變，環境在變，潮流也在變」，國民黨必須「以變應變」，但是萬變不能離其宗，「經國路線」的核心是「反共，親美，保臺」。

小結

鄧小平主政初期，中美建交談判的重點還是臺灣問題，美國再三要中國承諾不使用武力解決臺灣問題。對此，鄧小平一再表示，以什麼方式解放臺灣，這完全是中國的內政，中國不承諾放棄使用武力，是為了使臺灣問題能夠得到真正的解決。一九八〇年代初，鄧小平在堅持不放棄使用武力的前提下，從現實主義出發，從美國也許會接受的角度提出「和平統一，一國兩制」方針，他把臺灣作為一個高度自治的地方政府來看待，設想「一國兩制」使臺灣保有原來的社會制度和生活方式，也使美國保有在臺灣的經濟利益。但是，鄧小平從未想到要尊重臺灣人民對臺灣前途的自決權，漠視臺灣民主體制和程序，他也堅決否認中華民國的主權獨立。鄧小平使中美關係能超越臺灣問題而向前發展，卻面對蔣經國的「三

1986 年 10 月 7 日，蔣經國接見美國《華盛頓郵報》董事長葛蘭姆（國史館）

不政策」，對臺統戰毫無實質進展，因此不得不表示「如果一百年不行，那就一千年」。

一九七〇年代，美國院外援臺集團的影響早已式微。國會內部，保守派勢力衰落，自由派力量興起，國會贊同與中國建交，但並沒有要放棄臺灣的意思。卡特總統與中國建交，繼續尼克森的「一個中國」政策，否認中華民國主權獨立，壓縮臺灣的國際空間和國際法地位。國會反對卡特漠視臺灣安全，遂通過《臺灣關係法》來修正行政當局對臺政策的錯誤。

一九七二年六月一日，蔣經國正式接任中華民國行政院院長。六月中旬，蔣介石重病不起，從此沒有在公眾場合露面，臺灣自此進入蔣經國時代。蔣經國辦外交，一切以臺灣的獨立和安全為著眼點，謹慎地推動「中華民國臺灣化」，對現代臺灣的形塑影響深遠。在處理中臺美關係時，蔣經國對於中國的「一中原則」和美國的「一中政策」都堅決反對，強調美國與中華人民共和國所達成任何涉及中華民國的協議一律無效。

卡特政府對臺斷交、毀約、撤軍後，蔣經國放棄爭論誰是中國唯一合法政府，轉而強調中華民國是一主權獨立國家，其存在是一個國際法的事實。他主張中華民國獨立的國際人格，不因美國終止外交承認而有所變更。他為了繼續與美國發展「實質的官方關係」，強烈要求美國在臺澎金馬範圍內給予臺灣法理上的承認。甚至在推動《臺灣關係法》立法過程中，蔣經國要求美國國會以「臺灣政府」來稱呼「中華民國」，可見，他接受中華民國領土只涉及臺澎金馬，這與馬英九主張的「一個中國是包括中國大陸和臺灣在內的中華民國」不同。

一九八〇年代，蔣經國為了擺脫外交孤立困境，保衛中華民國在國際社會中的主權獨立，修改了「漢賊不兩立」政策。蔣經國放棄了原來對中華人民共和國絕對排斥的態度，轉而採取在兩岸關係上力爭對等地位的做法。在堅持主權獨立的同時，蔣經國亦提倡「中華民國認同」與「臺灣認同」互相接納，他倡議用「臺灣政府」名稱來替代「中華民國」，也是這一概念的體現。以蔣經國的觀點來看，在國際關係中，中華民國就是臺灣，臺灣就是中華民國。一九八七年夏天，蔣經國說「我來了臺灣四十年，我也是臺灣人」，這句感性的話是有其深遠政治意義的。蔣經國追求臺澎金馬的法理獨立，自己也願意當現代臺灣的國父，可惜美國不肯幫忙，而他為人謹慎，不敢公然衝破「上海公報體制」對臺灣的框限。蔣經國晚年經過再三考察，選擇李登輝做接班人，是因為理念一致，他相信李登輝會加速「中華民國臺灣化」的進程，完成他未盡的事業。

第五章
李登輝提出「兩國論」

一　引言

二〇一六年十月十三日，立法院審查司法院院長被提名人許宗力同意案，當許宗力教授被問及兩岸關係定位時，他回答：「是『特殊國與國關係』，從沒用過『兩國論』三個字，只是說兩岸之間很類似過去西德與東德間的關係。」對於許宗力指兩岸是「特殊國與國關係」，中國國臺辦發言人安峰山十月二十六日聲稱：「臺灣是中國神聖領土不可分割的一部分，從來就不是一個國家。」對此，陸委會副主委邱垂正回應：「中華民國是主權國家，擁有自己的憲法，由人民選出國家領導人，並與二十二個國家建立邦交，這是客觀存在的事實。中國大陸片面的說法不會改變中華民國主權國家的事實。」其實，許宗力的意見就是一九九九年七月李登輝總統提出的「特殊的國與國關係論」。那麼，李登輝的這一主張是怎麼來的呢？其實，它是被中共一步一步逼出來的。

1. 「九二香港會談」真有「共識」嗎？

一九九二年海基會與海協會的香港會談，究竟有沒有達成共識？這就要從李登輝執政初期開始談起。李登輝出任總統後，開始透過各種管道，與中國就兩岸關係進行非正式磋商，一九九〇年至一九九五年間，李登輝曾派密使蘇志誠與中國國臺辦代表密會二十多次。一九九〇年十月七日，李登輝邀集朝野各界成立「國家統一委員會」（簡稱國統會），研商制訂《國家統一綱領》，隔年三月十四日在行政院獲得通過。由於民進黨只有康寧祥一人參與，因此《國家統一綱領》可說是國民黨內部主流派與非主流派妥協的結果。

一九九一年稍早，「行政院大陸委員會」（簡稱陸委會）與「財團法人海峽交流基金會」（簡稱海基會）分別於一月及三月間正式成立。海基會成立後，於四月九日與陸委會簽訂委託契約，處理有關臺灣與中國文書驗證、民眾探親、商務糾紛調處等涉及公權力的相關業務，開啟處理臺灣人民來往兩岸的相關事務的窗口。

一九九一年四月二十八日，海基會副董事長陳長文訪問北京，與中國國臺辦副主任唐樹備會談。唐樹備受權提出了處理兩岸交往中應遵循的五條原則，其中第二條是「在處理海峽兩岸交往事務中，應堅持一個中國原則，反對任何形式的『兩個中國』、『一中一臺』，也反對『一國兩府』以及其他類似的主張和行為」。何謂「一個中國」？唐樹備的解釋是「臺灣是中國的一部分」，陳長文則回應，「一個中國」指的是「臺灣是中華民國的一部分，大陸也是中華民國一部分」，並建議在一個中華民國之下，加上「對等互惠，相互尊重」，

1985 年 11 月 5 日，蔣經國授勳給副總統李登輝（國史館）

唐樹備表示「相互尊重」沒問題，但「對等互惠」還要研究。

一九九一年十一月三日至十一月七日，陳長文再赴北京與唐樹備就臺灣與中國共同防治海上走私及搶劫犯罪的程序性問題舉行商談。唐樹備再次提出希望海基會表明堅持一個中國原則的態度，作為雙方商談的前提，但雙方對此建議未能達成協議。此後，陸委會強調，臺灣對一個中國涵義的理解與中國不同，並指出對一個中國的態度是政策性的問題，與事務性商談無關，海基會在事務性商談中不得談這個問題。但國臺辦認為，有必要先就兩岸關係定位達成共識，才能再進一步處理事務性的問題。

一九九一年十二月十六日，「海峽兩岸關係協會」（簡稱海協會）成立，從此兩岸政府以海基會與海協會會談的形式，進行商談與交流，但蘇志誠與國臺辦高層密會則繼續。一九九二年三月二十二日至三月二十七日，海基會法律服務處處長許惠祐赴北京與海協會研究部主任李亞飛就「海峽兩岸公證書使用」和「開辦海峽兩岸掛號函件查詢、補償」問題進行第一次工作性商談。許惠祐遵照陸委會的要求，多次表示「沒有授權談一個中國問題」，海基會主張在解決兩岸公證書使用問題中，比照國家間駐外使領館認證的做法來處理大陸公證書在臺灣的使用；在解決開辦兩岸掛號函件業務問題中，則援引國家間通郵的做法。但由於海協會堅持先確立一個中國原則，以致雙方無法達成協議。

商談結束後，三月三十日，海協會常務副會長唐樹備針對海基會沒有被授權談一個中國問題公開指出：「首先，商談要反映現實，一個中國是客觀事實。處理兩岸交往中的事務性問題，在指導思想上要明確這是什麼性質的事務，是中國內部的事務呢？還是兩個國家之間的事務？……因此有必要明確海峽兩岸交往中的事務性問題是中國人的內部事務……第二，本來雙方對堅持一個中國的原則沒有分歧，這見之於中共領導人的談話，見之於中國國民黨領導人的談話，見之於臺灣當局公布的有關統一的文件。明明雙方都認為是『一個中國』，偏偏臺灣當局某些主管大陸事務的官員，不同意雙方提一個中國，不同意雙方本著一個中國原則處理兩岸交往中的問題。第三，我們提出在事務性商談中堅持一個中國原則，只是要雙方表明堅持一個中國原則的態度，並不是要與海基會討論『一個中國』的涵義。至於如何表述堅持一個中國原則態度的方式，雙方可以協商。」唐樹備在談話中公開指責陸委會，他要求海基會表明堅持一個中國原則的態度，但沒有要求雙方就「一個中國」的涵義進行討論並達成共識，而且考慮到彼此很難形成共同的文字表述並寫進協定，因此在表述方式上，預留了口頭表述的空間，唐樹備將這一資訊傳達給了海基會。此後，海協會態度可概括為：海峽兩岸交往中的具體問題是中國的內部事務，應本著一個中國原則協商解決；在事務性商談中，只要表明堅持一個中國原則的基本態度，可以不討論一個中國的政治涵義；表述的方式可以充分協商，並願意聽取海基會和臺灣各界的意見。

在李登輝政府內部，出現了是否在事務性商談中應表明一個中國原則的意見爭論。從一九九二年四月起，國統會開始研究應對辦法，引發了一場有各方人士參與的大討論。當時，陸委會主委黃昆輝和副主委馬英九，皆不同意、不允許海基會在兩會事務性商談中表明一個中國原則。他們認為，一九七一年臺灣退出聯合國後，國際社會講的「中國」，是指中華人民共和國，如果在兩岸事務性商談中達成堅持一個中國原則的共識，將造成默認臺灣是中華人民共和國的一部分、中共是中國唯一合法政府的影響，將對臺灣拓展國際生存空間非常不利。但海基會負責人則認為「不宜迴避」一個中國原則，認為「堅持一個中國的立場，並不妨礙我務實外交的開展」，並「可在國際間形成中國問題未獲解決的共識」。國統會就海基會與海協會商談事務性協定時有關「一個中國」涵義問題，終於在長達三個多月的討論後做出了結論。

一九九二年八月一日，在李登輝主持下，國統會通過「一個中國」的涵義：「一、海峽兩岸均堅持『一個中國』之原則，但雙方所賦予之涵義有所不同。中共當局認為『一個中國』即為『中華人民共和國』，將來統一以後，臺灣將成為其轄下的一個『特別行政區』。臺灣方面則認為『一個中國』應指一九一二年成立迄今之中華民國，其主權及於整個中國，但目前之治權，則僅及於臺澎金馬。臺灣固為中國之一部分，但大陸亦為中國之一部分。二、民國三十八年起，中國處於暫時分裂之狀態，由兩個政治實體，分治海峽兩岸，乃為客觀之事實，任何謀求統一之主張，不能忽視此一事實之存在。三、中華民國政府為求民族之發展、國家之富強與人民之福祉，已訂定《國家統一綱領》，積極謀取共識；深盼雙方均以務實的態度捐棄成見，共同合作，為建立自由民主均富的一個中國而貢獻智慧與力量。」

八月二十七日，海協會負責人經過批准發表談話，指出國統會這份結論確認「海峽兩岸均堅持一個中國之原則」，「明確這一點，對海峽兩岸事務性商談具有十分重要的意義，它表明，在事務性商談中應堅持一個中國原則已成為海峽兩岸的共識」。對於中國不同意的國統會結論內容，海協會也明確表示：「我會不同意臺灣有關方面對一個中國涵義的理解。我們主張『和平統一、一國兩制』，反對『兩個中國、一中一臺、兩個對等政治實體』的立場是一貫的。」由此可見，在兩會「香港會談」之前，海協會就已經單方面認定「堅持一個中國原則已成為海峽兩岸的共識」。海協會把國統會「一個中國」的涵義表述撥離開來，挑出「海峽兩岸均堅持一個中國之原則」的文字，強調國共兩黨已有共識，同時，明確反對國統會對「一個中國」內涵的解釋，反對「一個中國，兩個對等政治實體」的提議。

基於這種單方面的認定，國臺辦內部曾考慮採取兩會同時各自發表信守一個中國原則聲明的方式，來體現雙方達成的共識，但各自發表的共識不能是各說各話，而是雙方都能接受的，才叫共同認識。因此，國臺辦主張要經過雙方商談，使各自的聲明能為對方所接受。這一方式同中美處理《上海公報》等三個《聯合公報》及兩國各自聲明的方式雷同。中國對此方式很有經驗，但臺灣對此卻很陌生。在《上海公報》談判過程中，雖然採用雙方各自表述立場的方式，但中美從沒有對中國如何表述「一中原則」做什麼討論，卻對美國如何表述「一中政策」反覆討價還價，如此一邊倒的談判方式，當然是中國喜歡的。

同年九月，兩會秘書長在廈門非正式見面，就「一個中國」原則的表述問題交換意見。海協會秘書長鄒哲開對海基會秘書長陳榮傑和許惠佑表示「臺灣方面關於一個中國原則的結論，說明雙方在事務性商談中堅持一個中國原則已有共識。但我們不同意臺灣有關方面對一個中國內涵的解釋，也不可能與海基會討論關於一個中國的內涵」，建議海基會認真考慮逕直引用「海峽兩岸均堅持一個中國原則」的說法。這不免令人想起一九七二年二月，尼克森在《上海公報》中表示：「美國認識到，在臺灣海峽兩邊的所有中國人都認為只有一個中國，臺灣是中國的一部分，美國政府對這一立場不提出異議。」海協會的建議，實際上是要逼海基會接受《上海公報》的文字和精神。

一九九二年十月二十六至三十日，許惠祐與海協會諮詢部副主任周寧，就「公證書使用」及「掛號函件」問題，在香港舉行第二次處長級工作性會談。在這個處長級的工作性會談中，海協會又照例要先討論「一個中國」的議題。周寧提出五項表述方案，其中最有代表性的方案是：「在海峽兩岸共同努力謀求國家統一的過程中，雙方均堅持一個中國的原則，對兩岸公證文書使用（或其他商談事務）加以妥善解決」。對此，許惠祐也提出五項文字表述方案，其中最具代表性的方案是：「鑒於海峽兩岸長期處於分裂狀態，在兩岸共同謀求國家統一的過程中，雙方皆認為必須就文書查證（或其他商談事項）加以妥善解決。」周寧認為這當中沒有「堅持一個中國的原則」的文字，因此不能接受。許惠祐隨後又提出三項口頭表述方案，最後一個方案為：「在海峽兩岸共同努力謀求國家統一的過程中，雙方雖均堅持一個中國的原則，但對於一個中國的涵義，認知各有不同。惟鑒於兩岸民間交流日益頻繁，為保障兩岸人民權益，對於文書查證，應加以妥善解決。」許惠祐稱第八案為臺灣底案，建議「用各自口頭聲明的方式表述」。周寧表示這是此次商談的主要成果，要把海基會的建議與具體表述內容帶回北京報告後再正式答覆，周寧也希望海基會能夠確認這是臺灣官方的正式意見。隨後，周寧中止會談，逕行在十月三十日回北京請示，而許惠祐仍然留在香港等待正式答覆。

十一月一日，許惠祐發表書面聲明表示，有關事務性商談中「一個中國」原則的表述，「建議在彼此可以接受的範圍內，各自以口頭方式說明立場」。而留在香港等待周寧的許惠祐，一直等到十一月五日仍不見周寧來港，眼見會談無法恢復，才返回臺灣。許顯然是希望能當面談清楚，但周不肯回香港，以致香港會談不了了之。由此可見，在香港會談中，兩會並沒有達成任何協議。

在北京的國臺辦研究了海基會的第八案，認為這個方案表明了海基會謀求統一、堅持一個中國原則的態度，雖然提出對一個中國涵義的「認知各有不同」，但海協會歷來主張「在事務性商談中只要表明堅持一個中國原則的態度，不討論一個中國的政治涵義」，因此，可以考慮接受海基會以上述口頭表述的內容，表達堅持一個中國原則的態度。國臺辦試圖把「一個中國」的「文字」與「內涵」切割開來。

十一月三日，海基會傳真致函海協會，表示已徵得主管機關的同意：「以口頭聲明方式各自表述。」海基會在同日發布新聞稿，「海協會在本次香港商談中，對『一個中國』原則一再堅持應當有所表述，本會徵得主管機關同意，以口頭聲明方式各自表達，可以接受。至於口頭聲明的具體內容，我方將根據《國家統一綱領》及國家統一委員會對『一個中國』涵義所作決議表達」，意思是不再同對方討論表述內容。同日，海協會副秘書長孫亞夫打電話給海基會秘書長陳榮傑，告知在這次香港工作性商談中，「貴會建議採用貴我兩會各自口頭聲明的方式表述一個中國原則。我們經研究後，尊重並接受貴會的建議」，但他建議，「就口頭聲明的具體內容，進行協商」。可見，孫亞夫當時認為雙方此時對口頭聲明的具體內容還沒有協議與共識，要求對表述內容進一步協商。

事實上，兩會此後並沒有對口頭聲明的具體內容進一步展開協商。十一月六日，陸委會副主委馬英九公開表示，在香港會談中，一個中國的「表述」問題無交集、無共識，中共向臺灣政治勒索、缺乏誠意。馬英九指出：「大陸海協會既然派員赴港進行商談，理應在上述議題得到具體結果之後，再行離港，海協會代表卻不顧海基會繼續商談的要求，逕行返回大陸。此外，海協會明知雙方就有關一個中國的表述問題並無交集，卻對外一再揚言『雙方已獲得共識』。這種言不顧行，行不顧言的作風，錯失達成協議的良機。」馬英九對海協會嚴厲批評，他當時認為雙方「並無交集」，更談不上有共識了。

十一月十六日，海協會傳真致函海基會，表示同意以各自口頭表述的方式表明堅持一個中國原則的態度，並將海協會的口頭表述重點函告：「海峽兩岸都堅持一個中國的原則，努力謀求國家的統一。但在海峽兩岸事務性商談中，不涉及『一個中國』的政治涵義。本此精神，對兩岸公證書使用（或其他商談事務）加以妥善解決。」海協會還以附件的方式，將海基會在香港提出的上述第八方案附在這傳真中，表示默認該方案。另外，海協會還建議，「兩會約定各自同時口頭聲明」。

十一月十七日，陸委會主委黃昆輝召集陸委會與海基會高層緊急研究海協會十六日的傳真內容，會後，海基會在陸委會指示下公開聲明「雙方在香港協商時已各自表達了對『一個中國』的看法，沒有必要再約定時間同時口頭表達」。海基會對海協會十一月十六日的建議做了否定的答覆。

十一月二十三日，海協會董事長汪道涵公開表示：「雖然臺北、北京已原則同意以口頭方式表達各自的政治立場，但『一個中國』的原則仍必須確立，至於具體的內容則有待雙方進一步磋商。」汪道涵還首度表示希望盡快在新加坡舉行「辜汪會談」。由此可見，一直到十一月二十三日，汪道涵仍然認為雙方尚未確立『一個中國』的原則，具體內容還要進一步磋商。

由於汪道涵的緊迫盯人，使得陸委會與海基會高層於二十四日再度研商，決定「我為避免落入中共欲將『一個中國』問題納為『文字化』的陷阱，回函中我將不提及有關『一個中國』的表達、意涵等問題」。可見陸委會此時認定中共一再堅持「一個中國」原則是個「文字化」的陷阱，但也一直未能研擬出妥當的回函。雖然海協會還沒有得到臺灣方面的回覆，卻突然在十一月三十日傳真給海基會，表示兩會商談「已經取得重要進展」，並建議十二月下旬就舉行「辜汪會談」。雙方你來我往將近一個月的時間仍「並無交集」，為什麼海協會卻在一週之內突然改變立場？當時，海協會尚未接到海基會對十一月十六日傳真內容的回函，就於十一月三十日單方面認定兩會商談「已經取得重要進展」，從而放棄了汪道涵十一月二十三日「具體的內容則有待雙方進一步磋商」的要求，並著急地要求立即舉行「辜汪會談」，海協會為什麼突然改變立場，這點至今仍然是個謎。

對海協會這一突然改變，海基會雖然不知道原因，卻也喜出望外。十二月三日，海基會函覆海協會：「我方始終認為：兩岸事務性之商談，應與政治性之議題無關，且兩岸對『一個中國』之涵義，認知顯有不同。我方為謀求問題之解決，建議以口頭各自說明。至於口頭說明之具體內容，我方已於十一月三日發布之新聞稿中明白表示，將根據《國家統一綱領》及國家統一委員會本年八月一日對於『一個中國』涵義所作決議加以表達。」海基會沒有對海協會於十一月十六日提出的中方表述方案做出評論，也沒有同意「兩會約定各自同時口頭聲明」，更沒有與海協會就『一個中國』原則具體的內容進一步磋商。

十二月十日，海協會覆函表示，「經過兩會的努力，已在包括雙方各自以口頭方式表述『一個中國』原則和具體業務問題都取得了重大進展」。海協會並從「兩岸文書查證協議草案」中刪去所有有關「一個中國」的文字。海基會當時慶幸，「一個中國」爭議至此告一段落，兩會隨後即擱置該項意見交換。從上述雙方的電話與書信交換來看，雙方各自提出了「一個中國」涵義口頭聲明的具體內容，但並沒有就對方聲明的具體內容討論，達成協議或共同認識，也沒有按十一月三日孫亞夫電話建議進一步協商，最後也沒有發生十一月十六日海協會所建議的「約定各自同時口頭聲明」的行為。可是，海協會於十二月十日卻單方面認定兩會各自「表述『一個中國』原則」「取得了重要進展」，這很奇怪。

十二月二十八日，陸委會副主委馬英九向國統會報告：「過去一年來，依據國統綱領進程的規劃，兩岸關係以穩健的步伐持續開展，但中共方面的回應仍不夠具體，如海基會常去函海協會要求解決交流所衍生的問題，但並未獲得對方的反應，使兩岸交流受挫。」馬英九當時沒向國統

1993 年 4 月 27 日，辜振甫與汪道涵在新加坡舉行第一次「辜汪會談」

會提及兩岸達成了所謂「一個中國，各自表述」的共識，這是因為他當時並不認為有此「共識」。事後，有些臺灣媒體將一九九二年第四季度兩會交涉錯誤地概括為雙方達成「一個中國，各自表述」的共識，但陸委會卻對此採取低調和迴避的態度。不過，海基會內部顯然有人認為「一中各表」的說法使海峽兩岸可以各自宣稱自己擁有中國主權，雙方可以自行表述，但在事務性協商中則可以擱置這個議題，從而推動「辜汪會談」的落實。

從一九九三年底開始，海基會和陸委會負責人公開在媒體上將兩會在一九九二年第四季度的書信交換定義為「就擱置一個中國原則達成共識」，「意味著雙方擱置了中國主權問題的爭議」。一九九五年，海基會秘書長焦仁和卻改為以「一個中國，各自表述」來概括一九九二年香港會談及後續交換意見。但是，因為並無任何書面文字協議可資證明，當年涉入處理的臺灣的當事人，如總統李登輝、陸委會主委黃昆輝、海基會董事長辜振甫、秘書長陳榮傑、法律服務處長許惠祐等人均先後否認一九九二年曾有共識的存在，馬英九幾乎是唯一例外。

中國一直到一九九七年五月十四日才第一次明確提出海協會與海基會在一九九二年已經就「海峽兩岸均堅持一個中國之原則」達成了口頭共識。當天，海協會常務副會長唐樹備在接受採訪時強調：「海協與海基會一九九二年就在兩會事務性商談中『海峽兩岸均堅持一個中國之原則』達成了口頭共識，這一共識並未涉及『一個中國』的涵義。海協一貫主張，兩岸交往中的具體問題是中國的內部事務，應本著一個中國原則協商解決；在事務性商談中，只要表明堅持一個中國原則的態度，可以不討論『一個中國』的政治涵義。我們認為這個共識是存在的……一段時期以來，臺灣方面把海協與海基會就兩會事務性商談中『海峽兩岸均堅持一個中國之原則』達成口頭共識，歸結為『一個中國，各自表述』，這顯然不符合當時的情況。」可見，中國海協會直到一九九七年五月才單方面宣稱兩會於一九九二年已經達成口頭共識，不過海協會同時也堅持「兩會從未就一個中國的政治涵義進行討論，更談不上就一個中國政治內涵的『各自表述』達成共識」。換言之，唐樹備單方面認為雙方對「堅持一個中國之原則」有共識，而對一個中國的內涵，雙方既未討論，根本也沒有共識，他也不同意雙方可以對「一個中國的內涵」各自表述，反對海基會焦仁和的「一個中國，各自表述」說法。

一九九二年十月二十六日至十月三十日，海基會與海協會在香港針對兩岸「文書驗證」及「掛號函件」事宜進行第二次處長級的工作性會談，一直到十二月中，在海協會的堅持下，雙方仍不斷對「一個中國之原則」交換意見，但始終沒有討論出雙方都能接受的共識。然而在五年後，即一九九七年五月，中國單方面宣稱雙方於一九九二年對「堅持一個中國之原則」達成了口頭共識。反觀臺灣各界，對兩會當時是否有此「共識」至今卻毫無共識。而馬英久、焦仁和多年後才提出的「一個中國，各自表述」共識，中國海協會從來是否認的。

2. 什麼是中國主張的「九二共識」呢？

究竟中國主張的「九二共識」是什麼呢？一九九二年十月二十六至三十日，海基會與海協會在香港進行工作性會談，一直到十二月中，在海協會的堅持下，雙方對「一個中國之原則」反覆交換意見，始終沒有討論出雙方都能接受的協議。從雙方公開的電話與書信交換來看，兩會各自提出了「一個中國」口頭聲明的具體內容，但並沒有就對方聲明的具體內容達成任何協議或共同認識，也沒有按一九九二年十一月三日海協會電話建議做進一步協商，最後也沒有發生十一月十六日海協會所建議「約定各自同時口頭聲明」的行為，也沒有進行十一月二十三日汪道涵要求的「具體的內容則有待雙方進一步磋商」。但是，中國卻在一九九七年五月第一次明確宣稱兩會於一九九二年已經達成了「海峽兩岸均堅持一個中國之原則」的共識。二〇〇〇年四月，臺灣開始出現「九二共識」這個名詞，中國此後逐漸採納「九二共識」一詞，將它等同於「海峽兩岸均堅持一個中國之原則」。同時，中國單方面認定的「一個中國原則」內涵則是指「世界上只有一個中國，中華人民共和國政府是全中國的唯一合法政府，臺灣是中華人民共和國神聖領土的一部分」。從一九九二年兩會舉行香港會談、一九九七年中國單方面提出共識說、二〇〇〇年出現「九二共識」一詞，直到二〇一六年「九二共識」基石說，這之間中國有關主張的脈絡必須加以釐清。

一九九五年一月三十日，中國國家主席江澤民提出統一臺灣的八點主張，即著名的「江八點」，當時，辜振甫與汪道涵已經舉行會談，而蘇志誠與國臺辦代表也已密會二十多次，但江澤民在此長篇講話中並沒有提到兩會在一九九二年就對『一個中國之原則』達成了共識。一直到一九九七年五月，即李登輝出任中華民國首位直選總統一年後，中國才開始明確宣稱雙方在一九九二年香港會談中已經達成共識。一九九七年五月十四日，海協會常務副會長唐樹備在接受採訪時強調「海協與海基會一九九二年就在兩會事務性商談中對『海峽兩岸均堅持一個中國之原則』達成了口頭共識，這一共識並未涉及『一個中國』的涵義。海協一貫主張，兩岸交往中的具體問題是中國的內部事務，應本著一個中國原則協商解決；在事務性商談中，只要表明堅持一個中國原則的態度，可以不討論『一個中國』的政治涵義。我們認為這個共識是存在的……一段時期以來，臺灣方面把海協與海基會就兩會事務性商談中『海峽兩岸均堅持一個中國之原則』達成口頭共識，歸結為『一個中國，各自表

1999 年 3 月 30 日，李登輝接見美國前總統卡特（國史館）

述』，這顯然不符合當時的情況。」由此可見，中國直到一九九七年五月才單方面明確宣稱兩會於一九九二年就已經達成了口頭共識，但唐樹備當時也堅持「兩會從未就一個中國的政治涵義進行討論，更談不上就一個中國政治內涵的『各自表述』達成共識。」換言之，海協會認為雙方僅有「堅持一個中國之原則」的文字化共識，至於一個中國的「內涵」，雙方既然未討論，所以也就沒有共識可言，海協會也從未同意雙方可以對「一個中國的內涵」各自表述。另外，唐樹備當時根本沒有提及「九二共識的政治基礎」或「基石說」。

一九九九年七月九日，李登輝總統提出「特殊的國與國關係」（常被稱為「兩國論」）說法後，中國強化了反對「一個中國，各自表述」的態度，認為這個說法的目的在於將「兩國論」合理化。七月十一日，國臺辦發言人公開聲明，明確否定「一個中國，各自表述」：「臺灣當局……謊稱兩會達成過『一個中國，各自表述』的共識，甚至說成是『一個中國涵義，各自表述』。」七月二十一日，唐樹備做出評論，認為特殊兩國論違反了一個中國原則：「把兩岸說成國與國之間的關係，是對一個中國原則粗暴的破壞，海基會某些負責人把兩岸關係說成是國與國的關係，也是對一九九二年兩會共識的粗暴破壞。」七月三十日，海協會對「辜董事長談話稿」表示不予接受，退回海基會。海協會聲明：「『談話稿』還別有用心地將一九九二年兩會達成的『海峽兩岸均堅持一個中國原則』的口頭共識歪曲為『一個中國口頭上各自表述』，這是枉費心機的。」可見，當時中國認為將「九二共識」歸納為「一中各表」是國民黨的故意扭曲。

二〇〇〇年三月十日，唐樹備在臺灣總統大選投票前夕發表談話，再度否定「一個中國，各自表述」，但認為只要堅持一個中國原則，就可以不討論一個中國的內涵，而且假如臺灣回到一九九二年共識的話，兩岸兩會就可以重新交流，當時中國以為連戰會當選總統。但是，在確認臺灣首次政黨輪替後，二〇〇〇年四月二十八日，即將卸任的陸委會主委蘇起建議新總統陳水扁以「九二共識」這個名詞，在字面上替代國民黨自一九九五至二〇〇〇年間使用的「一個中國，各自表述」的說法。根據蘇起本人於二〇〇六年二月二十一日的公開說明，在九二香港會談後，至二〇〇〇年政黨輪替前這段期間，中國國民黨對中華民國與中華人民共和國並存的現實狀況，一直想要以「一個中國，各自表述」來取得兩岸間的共識。但是中國大陸方面堅持「一個中國原則」，另一方面，即將執政的民進黨又無法接受「一中」，於是他創造出「九二共識」這個新名詞，在字面上取代「一中各表」，只是其本意還是「一中各表」。蘇起認為，替「一中各表」換個新名字，可以緩和民進黨執政後可能對兩岸關係造成的緊張，並為兩岸持續交流找到雙方都可以接受的共同點。蘇起說，「沒想到中共接受了，美國也接受了，就是民進黨政府不願接受」，可見，蘇起主張「九二共識」就是「一中各表」，但中國國臺辦卻不這麼認為。

「九二共識」一詞被蘇起創造出來一年之後，才逐漸被中國採用。二〇〇一年四月二十七日，國臺辦發言人張銘清發表談話紀念辜汪會談八週年，首次正式使用「九二共識」一詞。張銘清在談話中將「九二共識」解釋為「各自以口頭方式表述海峽兩岸均堅持一個中國原則」的共識。二〇〇一年十二月十六日，海協會會長汪道涵在慶祝海協會成立十週年致詞中解釋「九二共識」的涵義為「一九九二年海協與臺灣海基會達成共識，各自以口頭表述的方式表明『海峽兩岸均堅持一個中國原則』和『努力謀求國家統一』的立場與態度」。中國國務院副總理錢其琛在二〇〇二年一月二十四日發表談話稱「九二共識」對當前兩岸關係仍具重要意義，應予維護。他解釋「九二共識」為「一九九二年海協與臺灣的海基會達成各自以口頭方式表述『海峽兩岸均堅持一個中國原則』的共識」。同年三月，中國國家主席江澤民在參加人大會議時表示，只要臺灣當局承認「一個中國」，承認「九二共識」，他願意馬上訪問臺灣。這是中國最高領導人在經過十年後第一次正式提到「九二共識」，只不過他對「九二共識」涵義的解釋與發明人蘇起很不一樣。

二〇〇五年，在陳水扁確定第二次當選總統後，國民黨主席連戰訪問中國，與中國國家主席胡錦濤會面。此後，中國開始在公文書上使用「九二共識」這一名詞，並單方面定義其涵義是「海峽兩岸雙方均堅持一個中國原則，兩岸努力謀求國家統一，一個中國原則在事務性商談中不涉及其政治涵義」的共識，「九二共識」一詞從此成為中國對臺政策正式的概括用語。二〇〇五年五月九日，國臺辦副主任孫亞夫在北京清華大學演講時提到，「九二共識」的歷史事實其實很簡單，但因提出的時間久了，所以現在有些複雜。複雜之處在於，中國大陸概括的意思是兩岸各自以口頭方式表述「海峽兩岸均堅持一個中國原則」，而國民黨認知的「九二共識」則是「一中各表」，即「兩岸各自表述一個中國原則內涵」。在「九二共識」問題上，大家應該求大同，「就是說『九二共識』的核心是一個中國，大陸和臺灣都是中國的領土，兩岸同屬一個中國」。如果沒有這個核心，這個共識就不存在。孫亞夫認為，「九二共識」是海基會與海協會彼此尊重，分別以口頭表述方式達成的共識，雙方堅持求同存異，「概括較好，方式也較靈活」，為兩岸對話與協商得以恢復給予廣闊的空間。孫亞夫的這個說法，同過去幾年中國對「一中各表」的強烈批判不同，改為「九二共識」這個名詞體現了國共雙方「求同存異」。

2005 年 4 月 29 日，國民黨主席連戰訪問中國，並與中國國家主席胡錦濤會面

為了共同對抗陳水扁，十多年後中國首次對國民黨所提出的「一中各表」改變態度。

二〇〇八年三月二十六日，在馬英九當選總統後，中國國家主席胡錦濤致電美國布希總統表示「大陸與臺灣應在『九二共識』下恢復協商，而此『共識』係指雙方認知僅有一個中國，但同意各有不同之定義」（the Chinese Mainland and Taiwan should restore consultation and talks on the basis of "the 一九九二 consensus," which sees both sides recognize there is only one China, but agree to differ on its definition.）但是，《新華社》發布的中文新聞稿則只出現了「九二共識」一詞，並沒有出現「一個中國，各自定義」。二〇一〇年，海協會常務副會長李亞飛在臺北一場演講中，呼籲兩岸尊重「九二共識」，以維持雙方政治互信的基礎。李亞飛還逐字念出「九二共識」：「就是一九九二年，大陸海協會和臺灣海基會達成的，各自以口頭方式表述一個中國原則的共識。」

二〇一三年十月，「亞洲太平洋經濟合作會議」（Asia-Pacific Economic Cooperation, APEC）上，中國國家主席習近平與前副總統蕭萬長會談，習近平提到希望在「一個中國框架內，就兩岸政治問題同臺灣方面進行平等協商，做出合情合理安排」，希望能盡速解決兩岸政治分歧。二〇一五年十一月七日的「馬習會」，習近平對馬英九強調：「『九二共識』之所以重要，在於它體現了一個中國原則，明確界定了兩岸關係的根本性質。它表明大陸與臺灣同屬一個中國，兩岸關係不是國與國關係，也不是『一中一臺』。雖然兩岸迄今尚未統一，但中國的主權和領土完整從未分裂。兩岸同屬一個國家、兩岸同胞同屬一個民族，這一歷史事實和法理基礎從未改變，也不可能改變。」這是中國單方面對「九二共識」的內涵所做的新解釋。

二〇一六年一月十六日蔡英文當選總統後，習近平在二〇一六年有過兩次對臺政策的公開講話：第一次是三月五日，習近平強調：「我們對臺大政方針是明確的、一貫的，不會因臺灣政局變化而改變。」第二次是七月一日，習近平強調：「我們堅決反對臺獨分裂勢力。對任何人、任何時候、以任何形式進行的分裂國家活動，十三億多中國人民、整個中華民族都絕不會答應！……兩岸雙方應該胸懷民族整體利益，攜手為實現中華民族偉大復興的中國夢共同打拼。」可是，他在二〇一五年三月四日說了一句「基礎不牢，地動山搖」，早就把臺灣民眾從「中國夢」中驚醒了。

二〇一六年一月二十一日，中國臺灣研究會副會長、原海協會副會長王在希在北京公開指出，大陸當初是希望不要對一中內涵進行討論的「各表一中」，而非現在臺灣強調的「一中各表」。「各表一中」是一九九二年海基海協互通電報時，大陸希望「只要兩岸雙方承認一個中國，對於未來走向統一沒有分歧即可」，並無意探討「一個中國」的內涵；

他認為，之後臺灣強調的「一中各表」走了樣，臺灣稱「一個中國就是中華民國」的說法，大陸不可能接受，也與原先雙方達成「一中內涵不討論」的諒解相背離。王在希在「馬習會」後重新批判馬英九和國民黨主張的「一中各表」。

可是，二〇一六年八月三十日，國臺辦主任張志軍在會見臺灣青年時表示，大陸認知的一中是根據自己的憲法，憲法就是中華人民共和國，大陸不能違憲。但他理解臺灣會認為自己是中華民國，只要承認九二共識，「各表的問題，都可以來談，要找機會把它講一講，如果都不談，永遠擱置也不好」。經過二十多年，面對蔡英文的抗拒，張志軍不再批判國民黨的「一中各表」，轉而說各表可以談，等於默認一九九二年兩會沒有共識，可以再談。可惜的是，洪秀柱領導的國民黨卻在此關鍵時刻，放棄了「一中各表」。

過去二十多年來，中國對「九二共識」的解釋是不斷變化的，它對於國民黨的「一中各表」時而批判，時而容忍。通常，當民進黨在臺灣執政時，中國就比較願意容忍國民黨的「一中各表」，不過，中國從來沒有同意過馬英九和蘇起主張的「九二共識就是一中各表」。

3. 一九九六年臺海危機是怎麼發生的？

一九九五年七月至一九九六年三月由中華人民共和國發動的臺海危機，是由李登輝訪美引爆的。一九九五年五月二十二日，美國總統柯林頓在國會壓力下決定允許李登輝總統於六月初到美進行「非官方的、私人的訪問」，並立即通知了臺、中雙方。一九九五年六月十日，李登輝於母校康乃爾大學發表題為《民之所欲，長在我心》的演講，這篇講稿是由新聞局長胡志強所撰寫，強調中華民國主權獨立與臺灣民主化經驗，突顯臺灣的價值觀。李登輝成為中華民國第一位訪問美國的現任國家元首，他的演講則透過國際媒體的傳播，將臺灣的主張推向全世界。

中國事後痛批李登輝的演講是在宣傳「兩個中國」、「一中一臺」。中國又認為，美國允許李登輝訪美，是破壞中美關係政治基礎、違反「一個中國」原則、鼓勵臺獨勢力，中國的反應非常強烈，還召回駐美大使。

其實在一九九五年三月底，李登輝密使蘇志誠在澳門就已經告訴中共對臺工作小組負責人曾慶紅，李即將訪美，希望中方理解「這是我們必須要做的，也確定將去得成」。當時，曾慶紅的反應是「你們有你們的立場，我們有我們的立場，因此到時候批評還是要批

1986 年 12 月 4 日，蔣經國接見美國阿肯色州柯林頓州長（國史館）

評的」。蘇曾會後，海協會於四月時多次呼籲舉行第二次「辜汪會談」。四月十七日，美國國務卿克里斯多福警告中國副總理錢其琛，柯林頓不願發簽證給李登輝，因為並不符合美臺非正式關係的性質，但國會可能迫使總統改變決定。結果，美國參眾兩院在五月初以九十七票對一票和三百九十六票對零票的壓倒性多數決議，要求政府允許李登輝訪美，五月二十二日，柯林頓被迫改變決定。對於李登輝即將訪美，中國起初並未有激烈反應，海協會副會長唐樹備經國臺辦授權，依原定計劃於五月二十六日至二十九日訪臺，與海基會確定在七月中舉行第二次「辜汪會談」。兩會負責人還於五月下旬、六月上旬和七月上旬為「辜汪會談」進行了三次預備性磋商，所以李登輝起程前以為他的訪美已經取得中國默契。

訪美之行順利結束，李登輝在臺灣朝野的歡呼聲中回國，中共總書記江澤民隨後去了俄國訪問，兩岸當時相安無事。但是，江澤民回到北京後，卻受到了中國軍方與黨內保守派的嚴厲批判，鄧小平在幕後是否起了作用不得而知。江澤民此前曾企圖整頓貪腐而與黨內保守派起了嚴重衝突，江由於權力不穩，決定向軍方妥協，同意在臺海進行軍事演習，打擊李登輝。在此之前，中國軍方還洩密給新黨立委郁慕明，揭露李登輝與江澤民的密使交往，切斷了兩岸最高層過去五年的溝通管道。六月十六日，國臺辦發言人突然宣布「第

1995 年 6 月 9 日，李登輝在康乃爾大學演講（國史館）

二次汪辜會談由於臺灣當局近期一連串毒化兩岸關係氣氛、破壞兩岸關係的行為而不能按期舉行」。

中國在歷經低調、沉默、憤怒和痛批等情緒不斷升高的一個多月後，七月十三日，江澤民公開說：「我曾經講過中國人不打中國人，但是我也想說明，這裡面假使國際上有一種干預的勢力，非得要進行挑起我們的衝突，這個恐怕中國人也是不能答應的。」江澤民將他即將發動飛彈演習的責任推給美國。七月十八日，《新華社》宣布「中國人民解放軍第二砲兵部隊」（簡稱二炮）將於七月二十一日至二十八日間，舉行飛彈演習，朝向距離基隆港約五十六公里的彭佳嶼公海海域試射，表示懲罰李登輝訪問美國。由於演習在公海，容易造成亞太各國的驚慌，對此江澤民相當擔心，因此在中央軍委會議上嚴厲要求軍方必須注意各國的軍事反應。

一九九五年七月二十一日至二十八日，中國從江西鉛山導彈基地試射「東風十五短程彈道飛彈」六枚，預定目標距臺灣富貴角北方約七十海浬處。此次演習原定八天，但中國卻提前兩天結束，因為解放軍發射的飛彈有一顆失敗，墜落福建地區。但中國並不準備善罷干休，一九九五年八月十五日至二十五日，解放軍南京軍區出動艦艇五十九艘、飛機一百九十二架次，在東引北方約二十八海浬處，進行海上攻防演練。十月三十一日到十一月二十三日，解放軍在福建省東山島舉行兩棲登陸作戰操演，出動兵力包括步兵第九十一師、艦船六十三艘、飛機五十架。當時正值臺灣立委選舉前夕，中共進行這一連串的演習的目的就是要造成臺灣民心不安，以壓制臺獨人士選情。一九九五年九月十九日，海協會負責人指責「李登輝的所作所為，在言論和行動上都已公開違背了『一個中國』的原則，破壞了兩岸關係穩定發展的基礎，造成兩岸關係持續緊張和兩會商談被迫推遲，也直接損害了臺灣人民利益」。

當時被指為引發此次危機的李登輝挺住中國壓力，著手應變。他與國安高層研判，中國的飛彈演習有依據國際慣例事先宣布，因而排除對臺灣突擊要件，並不對臺灣的安全構成立即威脅，但該演習明顯具有政治目的，因此，應對方案為對內安定民心，對外爭取美日重視。演習開始後，臺灣朝野一致譴責中國。八月十日，在中國宣布第二波演習後，李登輝約見行政院長連戰，會後，行政院推出多項應變措施，企圖穩定股市和經濟。十月九日，李登輝指示國安會秘書長丁懋時提前就次年總統大選組成「應變小組」，及早就臺海情勢進行準備。中國的演習雖然對臺灣的股匯市有短暫打擊，但也造成臺灣人民對中國的反感驟升，並未對立委選舉結果帶來實質影響。

對於中國的恫嚇，美國剛開始的態度非常謹慎，始終未對臺灣有任何實質的幫助與保證。八月中，柯林頓設法修復因李登輝訪美而遭傷害的美中關係。柯林頓致信江澤民，重申美國「不支持」「兩個中國」及「一中一臺」，第一次表態「反對」臺灣獨立，宣稱美國今後處理臺灣領導人訪美將遵循「非官方的、個人的，逐案考量，並且是很少的」這一原則，但沒有保證以後不會批准類似訪問。同時，柯林頓相當克制地對中國軍事演習表示關切，卻沒有採取其他行動。十月底，柯林頓與江澤民在紐約會面，柯林頓重申美國遵守「一個中國」政策，不希望臺灣問題成為美中分歧的來源，但從相關資訊看來，他可能沒有清楚地表達美國不接受中國對臺灣的軍事恫嚇。

一九九五年十二月十九日，美國指派尼米茲號航空母艦戰鬥群悄悄地通過臺灣海域，行使公海航行權，事前也沒對中國和臺灣透露，但實際上海峽兩岸軍方都有掌握到情況。直到一月中，美方才向臺灣媒體透露，臺灣民心為之振奮，但是美國宣示公海航行權的行動並未遏阻中國軍事恫嚇臺灣的企圖，中國反而在一九九六年三月臺灣總統直選前，將臺灣海峽飛彈危機大規模升級。

一九九六年一月三十日，中國總理李鵬公開指責李登輝「有意製造『兩岸關係緩和』的假象，但實際上卻在加緊製造『兩個中國』，大搞『彈性務實外交』，大肆購買軍事裝備……我們反對分裂、反對『臺獨』的鬥爭就一天也不會停止」。李鵬還威脅說：「如果有人企圖以臺灣領導人產生方式的變更為由，為其分裂祖國的活動披上所謂合法的外衣，這完全是徒勞的。」李鵬的講話為中國針對臺灣大選的軍事恫嚇升級做了鋪墊。二月七日，李登輝為確保大選順利，召集國安高層會議，討論國安「應變計劃」。會中，國安會報告中國可能於「三月五日」在臺海發動更大規模的軍事演習，臺灣海峽一時「山雨欲來風滿樓」。

一九九五年七月的臺海危機是怎麼發生的呢？接續蔣經國總統的努力，李登輝在一九九〇年代成功推動臺灣政治體制的民主化，並準備於一九九六年三月舉辦中華民國首次總統直選。李登輝根據臺灣民意的要求，企圖突破中國長期以來對臺灣的外交封鎖，實現對美國的「非官方」訪問。李登輝認為，美國之行可以提升他在國內的民望，又可增強他與江澤民直接談判的籌碼，因為李登輝在爭取訪美同時，蘇志誠與曾慶紅已經開始討論「李江會」的可能性和方法。另一方面，李登輝對柯林頓的對臺政策很不滿意，他成功地遊說美國國會，基於對臺灣民主成就的肯定，迫使柯林頓改變政策，給他訪美簽證。

李登輝在爭取訪美時，確實沒有預期中國領導人會做出情緒性的過度反應。他沒有體會到中國領導人習慣寧左勿右的思維因而無法理解臺灣追求國際參與的民意。另外，李登輝遊說美國國會壓迫行政當局的做法，使得柯林頓政府的許多官員認為他是個「麻煩製造者」。

中國領導人把李登輝訪美視為嚴重挑戰「一個中國」原則的行為，中國認為李登輝不能一面推動兩岸談判，一面擴張臺灣的國際活動空間，而兩岸談判只能有一個結果，就是臺灣與中華人民共和國統一。一九九五年夏，江澤民本來預期柯林頓會順從中國的要求，不給李簽證，當事情不如他所預期時，他對臺美兩方的行為感到震驚，又在軍方的壓力下，決定採取嚴厲行動，以防堵未來發生類似的脫軌事件。而中共領導人習慣寧左勿右的思維方式，把美臺雙方的行為都看作支持臺獨的陰謀，中國領導人完全不能理解和承認臺灣政治民主化和經濟自由化的成果，不能理解李登輝訪美反映了臺灣追求國際參與的廣大民意。

另一方面，中國雖然在外交上對美國提出強烈抗議，但在軍事上並無挑戰美國的能力，所以只能在臺海進行軍事演習，這叫「打狗給主人看」，又能影響臺灣的選舉，一舉兩得。但是，這種過度反應對臺灣民心造成了適得其反的效果，使臺灣人民對中國的反感大增。而中國一直忽略國會和《臺灣關係法》對美臺關係的影響。中國的行為也使美國對中國能否信守「和平統一，一國兩制」政策畫了大問號。

自從美臺斷交以來，美國政府故意對美國會不會協助臺灣抵抗中國武力攻擊的問題保持模糊性。柯林頓沒有忠實執行《臺灣關係法》導致中國誤判美國意圖，因此，中國在一九九六年三月臺灣大選前，將臺灣海峽飛彈危機升級。根據《臺灣關係法》，對於「任何訴諸武力或使用其他高壓手段，而危及臺灣人民安全及社會經濟制度的行動」，美國總統應立即通知國會，依照憲法程序採取適當行動。但是，柯林頓沒有向中國充分預警美國武力抵抗中國威脅的決心，而放任中國將臺海危機升級。

根本的問題是，美國自一九七二年《上海公報》以來的「一個中國」政策是建立在對一個假設的認知上，即「美國認識到，在臺灣海峽兩邊的所有中國人都認為只有一個中國，臺灣是中國的一部分，美國政府對這一立場不提出異議。」這個假設在一九七〇年代也許是對的，但到一九九〇年代中，許多臺灣人開始不認為自己是中國人，更不認為臺灣是中國的一部分。中國和美國都不能認知臺灣這一民意改變的趨勢，造成了中臺美對三方關係變化預期的落差。

4. 一九九六年臺海危機是怎麼結束的？

一九九六年三月，在兩岸關係持續緊張的情況下，中華人民共和國升級軍事演習而引發臺海危機。「中國人民解放軍第二砲兵部隊」和南京軍區分別向臺灣外海試射飛彈及舉行兩棲登陸作戰演習，美國則緊急調動兩個航空母艦戰鬥群來臺海應對，一時臺海戰雲密布。當時，中國發動這場危機既是為了測試美國的臺灣政策底線，也是企圖干涉中華民國第一次全民直選總統，但最終適得其反，李登輝仍然高票當選。臺灣大選後，中國開始注意到臺灣民意與他們站在對立面，被迫調整政策，對臺態度此後緩和了近兩年。

一九九五年七月至十一月二十三日，中國對臺海發射飛彈及組織軍事演習，抗議李登輝總統訪美。一九九六年一月三十日，中國總理李鵬又公開指責李登輝「有意製造『兩岸關係緩和』的假象，但實際上卻在加緊製造『兩個中國』，大搞『彈性務實外交』，大肆購買軍事裝備」。李鵬還威脅說：「如果有人企圖以臺灣領導人產生方式的變更為由，為其分裂祖國的活動披上所謂合法的外衣，這完全是徒勞的。」李鵬的講話為中國軍事恫嚇的升級做了鋪墊。

二月七日，李登輝為確保大選順利，召集國安高層會議，討論國安「應變計劃」。會中，根據劉連昆的情報，國安會報告中國可能於「三月五日」全國人大年會開幕時，在臺海發動更大規模的軍事演習。劉連昆是解放軍總後勤部少將，他可能是一九四九年中華人民共和國建國後，幫助臺灣的最重要的解放軍將官。劉連昆的身分，被潛伏於臺灣軍情局的中國間諜李志豪暴露，以致他於一九九九年八月被逮捕處死。一九九六年三月初，中國擔心臺灣總統直選後李登輝將宣布臺灣獨立，因而舉行更大規模的軍事演習以遏阻。這是繼一九五四年金門「九三砲戰」和一九五八年「八二三砲戰」後，臺灣海峽發生的第三次「臺海危機」。

一九九六年三月八日至十五日，中國人民解放軍在福建永安和南平飛彈部隊基地進行「聯合九六一」導彈射擊演習。發射四枚「東風十五短程彈道飛彈」點火升空，越過臺灣海峽，分別落在高雄西南約四十四公里和基隆東邊的目標海域。三月十二日至二十日，解放軍海、空部隊在東海與南海展開第二波實彈軍事演習。三月十八日至二十五日，解放軍海、陸、空部隊展開第三波登陸聯合作戰演習，演習地點平潭島離臺灣的島嶼不足七十海浬。

當時，解放軍甚至準備攻佔中華民國所控制的部分島嶼以恫嚇臺灣。一九九六年三月初，解放軍的「聯合九六一」演習計劃被劉連昆洩露給臺灣軍情局。劉連昆的情報顯示，如果選舉出現「最壞的結果」，「聯合九六一」軍事演習隨時可以改變成真正的軍事行動。當時臺灣軍情局獲得此一計劃後，李登輝立刻讓國安會與美國國安會溝通，並命令中華民國國軍提高警戒。

美國國安會在證實臺灣情報的準確性之後，認為中國的行動違反了美中和平解決臺灣

1996 年 3 月 23 日，李登輝在投票所直選總統（國史館）

問題的默契，中臺對峙有擦槍走火的風險。美國認為，中國的行動不僅威脅臺灣安全，也對美國國家利益和亞太區域和平造成重大的影響。美國時間一九九六年三月三日下午，美國總統柯林頓、國務卿克里斯多福、國防部長佩里（William J. Perry）、國家安全助理雷克（Anthony Lake）和美軍參謀長聯席會議主席夏利卡席維利（John Shalikashvili）在白宮秘密討論臺海情勢。與會人士認為，中國的演習並非武力進攻臺灣的前奏，但美國不能輕視中臺之間有發生意外或錯估的真正危險。柯林頓說，臺海情勢就如一桶火藥，美國必須竭盡所能防止即將發生的浩劫。因此，他決定直接介入這場爭端，當場授權國防部派遣獨立號航空母艦戰鬥群駛往臺海巡弋。他又指示國安會立即與中臺雙方聯繫，要求雙方派特使來美當面磋商，以便對緊張局勢有效降溫。柯林頓政府決定同步對中國與臺灣展開「預防性」外交和軍事行動，遏阻解放軍軍事冒險，也防止國軍反應過度。

三月八日晚，國務卿克里斯多福、國防部長佩里、國家安全助理雷克三人同時會見趕到華府的中國國務院外事辦公室主任劉華秋。劉華秋態度強硬，表示這次演習只是例行公事，美國不應過度反應。而美方指出，飛彈落在臺灣南北兩端，使解放軍能確定射程，隨後能命中臺島的任何目標，這絕不是一般演習。美方警告劉華秋，如果飛彈試射不停止，美國會有所行動；如果臺灣遭到攻擊，將有嚴重後果。但是，中國不理會美國的警告，接著宣布了更多海上及空中演習計劃，並禁止所有船隻接近臺灣海峽。影響所致，臺灣民眾開始恐慌，股市暴跌，國軍進入最高警戒，隨時準備報復中國的攻擊。

自此之後，美國的態度轉趨強硬，美國總統柯林頓、國務卿克里斯多福、國防部長佩里等人紛紛發表談話，對解放軍演習表示「嚴重關注」，譴責中國演習是「草率和冒險的」，是「不負責任的行動」。三月八日當天，柯林頓政府派遣獨立號航空母艦戰鬥群自日本部署到臺灣東北海域，為避免中國誤判美國的決心，三月十一日美國又加派尼米茲號航空母艦戰鬥群從中東趕往臺灣東部海域，預定與獨立號航空母艦戰鬥群會合。美國同時動員媒體飛到獨立號航空母艦上做報導，美軍透過國際媒體，公開向解放軍炫耀武力，起到了震撼性威懾作用，也極大地提振了臺灣人民的信心。但是，美軍克制地避開中國為演習公布的海上禁止區。

中國對美國壓倒性武力示威大為錯愕，解放軍潛艇部隊緊急全部出海抗衡，中美兩軍實質上形成對峙局面，雙方劍拔弩張。幾天後，中國政府開始退卻，三月十二日，中國宣布飛彈試射已完成，實際上，中國發射的飛彈比它原先計劃的少了一半。同時，由於臺灣掌握情況和美國的介入，解放軍被迫修改演習計劃，改採「三不原則」，即一、發射飛彈不會飛越臺灣本島上空，二、海空軍不超越臺灣海峽中線，三、即使舉行登陸演習，不會實際去佔領臺灣的島嶼。解放軍在演習時發射了飛彈，但沒有使用實彈的彈頭。中國發射飛彈後，李登輝為安撫臺灣民心，公開宣講中國發射的是「空包彈」、「啞巴彈」，引起中國反間諜部門的注意，間接導致劉連昆被捕。一九九六年三月二十三日，李登輝高票當選總統，中國政治目的落空，因而提前兩天結束了軍事演習，美國航空母艦隨後駛離臺海。

與此同時，美軍太平洋司令部悄悄地準備顧問和愛國者飛彈，一旦中國進攻，即可投入臺灣協防。美國國家安全副助理伯格（Sandy Berger）又在三月五日打電話給臺灣國安會秘書長丁懋時，要求他立即來美國面談。這是美臺斷交後，美國國安會對臺最高級別的主動聯繫。雙方經過幾天交涉，丁懋時才於三月十一日趕到紐約，與伯格進行了五個小時的秘密會談。伯格告訴丁懋時，美國已經向臺灣海域派遣航母並嚴厲警告了中國，他要求臺灣不要輕舉妄動，美國這樣做並不是給臺灣開空白支票，臺灣不可以為所欲為。雙方集中討論了臺灣大選後李登輝的兩岸政策走向，美方希望臺灣在選後能盡快恢復兩岸對話。伯格表示，基於「一個中國」政策，美國不能支持臺灣加入聯合國等主權國家間的國際組織，他也要求臺灣在一九九六年一整年都不要推動政府高層訪美。一九九六年的臺海危機成了美臺外交關係的轉機，柯林頓批准美臺國安高層建立經常性的戰略對話，成為美臺固定的官方溝通機制，這是中國發動軍事演習時沒有預料到的後果。

在中臺美三方檯面下的一連串外交溝通後，一九九六年五月二十日，李登輝在就職演說中表示「我們根本沒有必要，也不可能採行所謂的『臺獨』路線」。他表示願意訪問中國，從事和平之旅。中國副總理錢其琛第二天公開回應「對臺灣當局，我們現在是聽其言，觀其行。」

一九九六年三月，美國同時派出兩個航空母艦戰鬥群圍繞臺灣海峽，這是一九七九年美中建交後美國對中國的第一次軍事威脅動作，體現了美中關係的危機。美國的行為也大大降低了以往美國是否會在中國進攻時協防臺灣的政策模糊性。面對美國的軍事優勢，中國被迫退卻。此後二十年，中國奮起直追，大力發展海空軍力，企圖最終在西太平洋挑戰美國霸權。一九九六年臺海危機也反映了當時中國領導人對臺灣民意的誤判，導致了「和平統一，一國兩制」宣傳攻勢的破產。遺憾的是，臺灣領導人在民意推動下的短線政治行為，中國領導人習慣性寧左勿右的過度反應，與美國干預程度的不確定性，這種不穩定的中臺美三角關係通常會因為三方中的任何一方內部政治局勢的變化而演變成危機，並且不斷重複。

5. 李登輝為什麼提出「特殊的國與國關係」？

一九九九年七月，李登輝總統突然提出「特殊的國與國關係論」。那麼，李登輝的這一主張是怎麼來的呢？事實上，兩蔣一貫堅持中華民國是主權獨立的國家。一九七一年夏秋，為了確保中華民國留在聯合國，蔣介石默認中華人民共和國取得安理會席位，接受了美國讓兩個中國都加入聯合國的「雙重代表權」方案。一九七八年十二月二十九日，中華民國與美國談判雙方斷交後的關係安排時，蔣經國重申了中華民國的主權獨立，蔣經國不再同中共爭論誰才是中國的唯一合法政府，轉而強調中華民國是一個主權獨立的國家，其存在是一個國際法事實，進而推之，中華民國的國際法人格，不因美國或任何其他國家終止外交承認而有所變更。蔣經國甚至要求美國承認中華民國在臺澎金馬的「法理」存在和法律地位。

李登輝主政初期，他放棄蔣經國的「不接觸、不談判、不妥協」的三不政策，繼續推動蔣經國晚年以「對等地位」為原則的兩岸交流。為了展現善意，李登輝承認中華人民共和國政府在大陸的治權。不過為了與中國所定義的「一個中國」原則和「一國兩制」政策有所區隔，並強調自身的立場與原則，李登輝政府陸續提出「一國兩區」（一九九〇年）、

1999 年 4 月 5 日，李登輝恭謁蔣介石陵寢（國史館）

「一個中國，兩個對等政治實體」（一九九一年）、「一個中國指向的階段性兩個中國政策」（一九九三年）、「一個分治中國」（一九九七年）與「特殊的國與國關係」（一九九九年）等主張。所有這些主張都強調「一個中國」是過去式和未來式，但不是「現在式」；這些主張在堅持中華民國主權獨立基礎上，強調兩岸關係的「對等性」。不過，中共對所有這些主張統統反對。

而上述主張的脈絡，可回溯至一九九〇年十月七日，當時李登輝邀集朝野各界成立國家統一委員會（簡稱國統會），研商制訂《國家統一綱領》。一九九二年八月一日，在李登輝主持下，國統會決議「一個中國」的涵義：

一、海峽兩岸均堅持「一個中國」之原則，但雙方所賦予之涵義有所不同。中共當局認為「一個中國」即為「中華人民共和國」，將來統一以後，臺灣將成為其轄下的一個「特別行政區」。臺灣方面則認為「一個中國」應指一九一二年成立迄今之中華民國，其主權及於整個中國，但目前之治權，則僅及於臺澎金馬。臺灣固為中國之一部分，但大陸亦為中國之一部分。

二、民國三十八年起，中國處於暫時分裂之狀態，由兩個政治實體，分治海峽兩岸，乃為客觀之事實，任何謀求統一之主張，不能忽視此一事實之存在。

由於此次「國統會」的與會者，除了青年黨主席李璜外，所有受邀委員都是非政黨代表，就連民進黨的康寧祥，也是與無黨籍的高玉樹、吳豐山、黃石城一樣，以個人身分參加，因此此會的決議可說是國民黨內部主流派與非主流派妥協的結果。李登輝當時以「兩個對等政治實體」來定位兩岸關係，目的是暫時擱置主權爭議，營造更寬廣的兩岸互動空間。但是中國海協會針對國統會此決議，於一九九二年八月二十七日明確表示：「我會不同意臺灣有關方面對一個中國涵義的理解。我們主張『和平統一』，『一國兩制』，反對『兩個中國，一中一臺，兩個對等政治實體』的立場是一貫的。」中國方面不願讓步、不允許有模糊的空間。

一九九〇年至一九九五年間，李登輝曾派密使蘇志誠與中國國臺辦代表密會二十多次，而海基會與海協會從一九九二年起不斷交流協商。李登輝經過多年與中國談判後發現，中國在談判開始就堅持設定對己有利的「一個中國原則」，此原則一旦設定，談判結論就不出中國的掌握。中國單方面定義的「一個中國原則」是著名的三段論：「世界上只有一個中國，中華人民共和國政府是全中國的唯一合法政府，臺灣是中華人民共和國神聖領土的一部分。」根據這一原則，中國在與李登輝政府談判時，視其為地方政權，並將「一個中國原則」作為兩岸所有協商議題的前提，企圖迫使李登輝逐步滑向「一國兩制」的安排。同時，中華人民共和國根本不承認中華民國合法性，封殺臺灣的國際生存空間，迫使國際社會接受中國所定義的「一個中國原則」，進而逐漸忽視中華民國存在的事實。兩岸經過多年談判，中國完全不同意國統會「一個中國，兩個對等政治實體」的方案，也不接受海基會一九九五年以後採用的「一個中國，各自表述」的說法。

一九九三年十一月二十日，在美國西雅圖舉行的「亞洲太平洋經濟合作會議」會後記者會上，中國國家主席江澤民強調「一個中國，臺灣是其一省，那一個中國就是中華人民共和國」。對此說法，中華民國總統特使江丙坤被迫回應「在將來『一個中國』為指向的目標下，採取階段性的兩個中國政策」。江丙坤會如此回應，是因為中華民國外交部事前曾給江丙坤一特急密電，指出：「中華民國自一九一二年肇建即為一主權獨立之國家，而中華人民共和國成立於一九四九年亦自稱為主權國家，據此，國際間顯已存在各擁有不同數目外交關係且互不隸屬之兩個主權國家，故中華民國及中華人民共和國實為一個中國（歷史或地理之含意）下互不隸屬的兩個主權國家，乃不容任何人否認或能予無視之事實。」中華民國外交部進而強調：「中華民國與中華人民共和國為『中國』（歷史或地理）境內

1991 年 11 月 23 日，李登輝主持國統會會議（國史館）

互不隸屬之主權國家，在統一條件成熟前，我政府目前所採者可謂以將來『一個中國』為指向之階段性之兩個中國政策。」可見，在一九九九年七月李登輝提出「特殊的國與國關係論」之前，中華民國外交部早在一九九三年十一月就明確提出中華民國與中華人民共和國為「互不隸屬之兩個主權國家」，當時的外交部長是錢復。中國國臺辦立刻反對江丙坤這種「以兩德模式為例的分裂國家理論」。

一九九六年三月中華民國總統大選前夕，中國不斷文攻武嚇，即使如此李登輝仍然高票當選中華民國首任直選總統。李登輝在五月的就職演說中特別澄清自己的立場不是臺獨：「中華民國本來就是一個主權國家。海峽兩岸沒有民族與文化認同問題，有的只是制度與生活方式之爭。在這裡，我們根本沒有必要，也不可能採取所謂『臺獨』的路線。」在這篇演講中，他重申「追求國家統一的歷史大業」。

相對的，中國只要一有機會，便會對外強調其「一個中國原則」，並採取強硬手腕，迫使他國對臺施壓。在中國的逼迫下，一九九八年六月三十日，美國總統柯林頓在上海宣布「新三不」政策，即「不支持『兩個中國』或『一中一臺』、不支持臺灣獨立、不支持臺灣加入具有國家主權性質的國際組織」。柯林頓向北京讓步、明白提出不利臺灣國際地位的「新三不」政策後，美國政府的智囊紛紛提出「中程協議」（interim agreements）之類的建議，對臺灣造成相當大的壓力。因此李登輝於一九九八年八月在國安會下成立「強化中華民國主權國家地位」小組，研究突破中美聯手限制中華民國國際地位的方法。李登輝召集蔡英文、張榮豐、林碧炤、陳必照、許宗力等多位法政學者參與研究。一九九九年五月，該小組提議以「特殊的國與國關係」為兩岸關係定位，小組報告經國安會秘書長殷宗文，轉呈李登輝。

一九九七年七月二十一日，李登輝首次公開呼籲中共務實面對「一個分治中國」的事實。一九九八年十月十四日，海基會董事長辜振甫間隔五年後再次會見海協會會長汪道涵，辜指出「一個分治的中國，既是歷史事實，更是政治現實」，批評「大陸方面不肯尊重現實也不肯放棄對臺灣使用武力；而且在國際上設法阻斷我方的活動空間。這種以假設中華民國在國際上已經不存在的做法，只有加激臺灣人民的反感，完全無助於兩岸關係的改善。」汪道涵則堅決反對辜振甫「一個分治中國」的說法，再次提出「臺灣的政治地位應該在一個中國的前提下進行討論。」

辜振甫訪問北京後，安排汪道涵於隔年十月回訪臺北。但在一九九九年四月十八日，中國人大委員長李鵬卻在泰國訪問時對國際媒體強調：「世界上只有一個中國，就是中華人民共和國。中華人民共和國政府是代表全中國的唯一合法政府，臺灣是中國領土不可分割的一部分。」此後不久，李登輝發現江澤民打算在中華人民共和國建國五十週年國慶日（一九九九年十月一日）當著多位外國領袖的面宣布，汪道涵訪臺時，兩岸將在「一個中國原則」下展開政治談判。李登輝為了阻止江澤民對國際社會做此片面宣告，因而於七月九日在接受「德國之聲」專訪時，匆忙提出兩岸關係定位是「特殊的國與國關係」，目的基本上「是為了奠定兩岸對等的基礎」。

在專訪裡，李登輝就「北京政府視臺灣為叛離的一省」提出反駁，詳細說明兩岸關係定位至少是特殊的國與國關係：「中共當局不顧兩岸分權、分治的事實，持續對我們進行武力恫嚇，的確是兩岸關係無法獲得根本改善的主要原因。歷史的事實是，一九四九年中共成立以後，從未統治過中華民國所轄的臺、澎、金、馬。我國並在一九九一年修憲時增修條文第十條（現在為第十一條），將憲法的地域效力限縮在臺灣，並承認中華人民共和國在大陸統治權的合法性；增修條文第一、四條明定立法院與國民大會民意機關成員僅從臺灣人民中選出；一九九二年的憲改更進一步增修條文第二條，規定總統、副總統由臺灣人民直接選舉，使所建構出來的國家機關只代表臺灣人民，國家權力統治的正當性也只來自臺灣人民的授權，與中國大陸人民完全無關。一九九一年修憲以來，已將兩岸關係定位在國家與國家，至少是特殊的國與國的關係，而非一合法政府、一叛亂團體，或一中央政

1999 年 7 月 9 日，李登輝接受「德國之聲」專訪（國史館）

1999 年 7 月 9 日，李登輝接受「德國之聲」專訪（國史館）

府、一地方政府的『一個中國』的內部關係。所以，您提到北京政府將臺灣視為『叛離的一省』，這完全昧於歷史與法律上的事實。」

「德國之聲」問及在「宣布臺灣獨立」與「一國兩制」之間，是否有折衷的方案？李登輝回答：「中華民國從一九一二年建立以來，一直都是主權獨立的國家，又在一九九一年的修憲後，兩岸關係定位在特殊的國與國關係，所以並沒有再宣布臺灣獨立的必要。解決兩岸問題不能僅從統一或獨立的觀點來探討，這個問題的關鍵是在於制度的不同。從制度上的統合，逐步推演到政治上的統合，才是最自然、也是最符合中國人福祉的選擇。現在，中華民國可說是華人社會中首先實現民主化的國家，我們正努力在中國邁向現代化的過程中，扮演更積極的角色。因此，我們也希望中共當局能早日進行民主改革，為民主統一創造更有利條件，這是我們努力的方向。」

針對「一國兩制」，李登輝指出：「大陸對港澳所承諾的『一國兩制』模式，對臺灣並無絲毫的吸引力。主要原因是『一國兩制』互相矛盾，違反民主的基本原則，又否定中華民國的存在。大陸雖想將『一國兩制』的港澳模式套用於我方，但臺灣不是港澳，港澳原為殖民地，中華民國是主權獨立的國家，兩者有根本的不同。」總統府在發表該訪問時還特別強調：「這是一個法律事實的陳述，我國的大陸政策並沒有改變。」當時的副總統

1999 年 7 月 23 日，李登輝接見「美國在臺協會」主席卜睿哲（國史館）

連戰也表示：「我們提出『特殊國與國關係論』的主張是基於維護國家尊嚴、保障人民權益的考量。也是表達臺灣兩千三百萬人民的心聲。這是攸關國家發展大是大非的課題……因此李總統提出『特殊國與國關係論』的明確主張，就是要突破兩岸間現存不合理的框架。」可見，連戰當時作為副總統和國民黨總統候選人也強烈支持「特殊國與國關係論」。

一九九九年八月十日，李登輝公開表示：「在卸任前提出國家定位後，以後不管是誰做總統，都會很好做事情。」他又重申「大陸政治民主化、經濟自由化後，就是國家統一的最重要方向」。李登輝「特殊的國與國關係論」是一種具有歷史觀的主張，而蔡英文總統二〇一六年雙十演說也呼籲中華人民共和國正視中華民國存在的事實，李登輝與蔡英文的這些主張同兩蔣堅持的「中華民國主權獨立」是一脈相承的。

小結

中國國家主席江澤民與李登輝主政時期幾乎重疊，是同時代的領導人，雖然彼此之間互不信任，但互相都採取「聽其言、觀其行」的態度，曾經多次展開對話，試圖打破僵局，只是終究功敗垂成。一九九五年夏，李登輝訪美後，江澤民受到黨內保守派元老和軍頭們的壓力，一方面在軍事上進行針對臺灣大選的飛彈演習，一方面在外交上壓縮臺灣國際參與空間，但取得了適得其反的效果。一九九九年夏，李登輝提出「兩國論」後，中國對其之觀察期結束，對他不再抱任何幻想，認定李登輝的本質是臺獨，其他政策只是選舉的花招、掩飾臺獨的煙幕。二〇〇〇年九月十一日，針對李登輝的「兩國論」，中國主導對臺事務的副總理錢其琛被迫提出「一個中國」新定義作為回應：堅持世界上只有一個中國，中國的主權和領土完整不容分割。「一個中國」在國際上當然以中華人民共和國為唯一合法政府，但在處理兩岸關係上，「一個中國」可以不指中華人民共和國，臺灣和大陸都是中國的一部分。這種「內外有別」的說法似乎默認臺灣不是中華人民共和國的一部分，但仍然無法突破「一個中國」的迷思，不被臺灣人民所接受。

其實，李登輝從來不是狂熱的臺獨教父，他是國民黨內的改革派。李登輝堅持中華民國主權獨立，推動國民黨走「民主化和本土化」路線，向臺灣社會主流靠攏，他主張在中華民國現行憲法體制下促進「中華民國臺灣化」。他雖然主張「戒急用忍」的對中國政策，卻派親信蘇志誠與中共對臺工作負責人密談二十多次，積極推動辜汪會談。李登輝主政初期，為了推動蔣經國晚年以「對等地位」為原則的兩岸交流，主動承認中華人民共和國政府在大陸的治權，制定《國統綱領》。不過，為了與中國所定義的「一個中國」原則和「一國兩制」政策有所區隔，李登輝政府陸續提出「一國兩區」（一九九〇年）、「一個中國，兩個對等政治實體」（一九九一年）、「一個中國指向的階段性兩個中國政策」（一九九三年）、「一個分治中國」（一九九七年）與「特殊的國與國關係」（一九九九年）等主張。所有這些主張都強調「一個中國」是過去式和未來式，但不是「現在式」；這些主張在堅持中華民國主權獨立基礎上，強調兩岸關係的「對等性」。

一九九九年七月九日，李登輝在提出「兩國論」時指出，歷史的事實是，一九四九年中華人民共和國成立以後，從未統治過中華民國所轄的臺澎金馬。李登輝進一步指出「中華民國從一九一二年建立以來，一直都是主權獨立的國家，又在一九九一年的修憲後，兩岸關係定位在特殊的國與國關係，所以並沒有再宣布臺灣獨立的必要」。李登輝曾表示「在卸任前提出國家定位後，以後不管是誰做總統，都會很好做事情」。看來，李登輝此時有意識地去衝擊「上海公報體制」對臺灣國際關係和國際法地位的框限，希望為以後的總統開路，擔當起現代臺灣國父的角色，可惜，由於中國和美國聯手激烈反對「兩國論」，李登輝最終功虧一簣，沒能將「兩國論」入憲。

結　論
突破「一個中國」的迷思

「上海公報體制」實施後，在現代臺灣的形塑過程中，蔣介石、蔣經國、李登輝都不自覺地扮演了某種國父角色。為了應對和反抗「上海公報體制」，蔣介石改變了國家定位和國家目標，蔣經國謹慎地開啟了「中華民國臺灣化」，而李登輝則加速了「中華民國臺灣化」的政治進程。現代臺灣是在亞太國際關係格局大調整的背景下，經由中華人民共和國、美國、臺灣的幾代領導人和臺灣人民四方的角力與妥協而形成。一九七二年以來，臺灣領導人和臺灣人民，通過「中華民國臺灣化」來反抗「上海公報體制」，才是臺灣現代史的主軸。經過蔣介石、蔣經國、李登輝三任總統的推動，一九九六年臺灣實現總統直選，二〇〇〇年實現政黨輪替，鞏固了「中華民國臺灣化」的成果，中華民國已經被臺灣人民「借殼上市」了。可是，用歐巴馬的說法，基本上中國和美國之間長期以來的共識「就是不改變現狀」，國際社會礙於中國的反對，普遍不敢在法理上承認臺灣的事實獨立。要衝破「上海公報體制」的框限，臺灣人民恐怕要有「愚公移山」的決心，走很長的一段路。

蔣介石晚年以來，臺灣六位總統的國家定位和戰略並無很大差異，就是「獨立自保而已」，在堅持臺灣事實獨立基礎上，努力推進「中華民國臺灣化」。六位總統對兩岸關係定位有些差異，蔣經國和馬英九將兩岸關係定位為「一國兩區」，臺灣和大陸不是兩個國家，而是兩個對等的政治實體，雙方主權互不承認，治權卻本質上互不否認。李登輝、陳水扁和蔡英文主張兩岸主權對等，互不隸屬，但歷史、文化和法律上存在某種特殊聯繫。至於「一個中國」的定義，兩蔣和馬英九認為「一中」是指中華民國，他們似乎都不肯承認中華人民共和國是個主權獨立的國家，但蔣經國比馬英九更接受中華民國領土只限於臺澎金馬（蔣介石通過臺美「共同防禦條約」已經默認中華民國領土只限於臺澎金馬）；李登輝、陳水扁和蔡英文則認為「一個中國」在國際上是指中華人民共和國；中華民國是臺灣的國號，領土只限於臺澎金馬，中華民國是不同於中華人民共和國的另一個國家。不過，蔣經國和他以後的四位總統在主張中華民國主權獨立時，實質上都提倡「中華民國認同」與「臺灣認同」互相接納。

李登輝之後的三位總統都各自用自己的方法推動「中華民國臺灣化」，試圖突破「上海公報體制」對臺灣的框限。陳水扁本來不是狂熱的臺獨人士，而是民進黨內的務實派。為了贏得大選，他一直推動民進黨走「新中間路線」向社會主流靠攏。一九九九年七月參選總統後，陳水扁接受「現行憲法下的中華民國」政治架構。二〇〇〇年一月三十日，他發表「陳七項」，主張「臺灣已是主權獨立的國家，沒有宣告獨立或變更國號的問題」，與李登輝觀點相近。二〇〇〇年五月二十日，陳水扁就職演說時，針對兩岸關係宣示「四不一沒有」，「身為民選的中華民國第十任總統，自當恪遵憲法，維護國家的主權、尊嚴與安全，確保全體國民的福祉。因此，只要中共無意對臺動武，本人保證在任期之內，不會宣布獨立，不會更改國號，不會推動兩國論入憲，不會推動改變現狀的統獨公投，也沒有廢除國統綱領與國統會的問題」。在二〇〇〇年十二月三十一日的跨世紀元旦演說中，陳水扁進一步提出「政治統合論」，這篇演說對中國充滿善意，提出「根據《中華民國憲法》，『一個中國』原本並不是個問題」和「尋求兩岸政治統合的新架構」，這個主張與國民黨的「憲法一中」主張差別不大。

儘管陳水扁當選後一再釋出善意、推行「新中間路線」，江澤民仍然對於陳水扁充滿不信任，拒絕與扁政府直接談判。陳水扁在二〇〇二年八月三日發表「一邊一國論」，不是陳水扁刻意改變兩岸政策，反而比較像是對中國打擊的情緒性發洩。事後，陳水扁設法解釋這只是對「兩岸現狀的事實陳述」，且立即派陸委會主委蔡英文赴美說明，但成效有限。江澤民拒絕與陳水扁交往的原因很多，首先，中國聽信國民黨的一面之詞，企圖幫助國民黨奪回政權，不願在兩岸關係上給陳水扁加分。其次，中國領導人十分擔心小布希新政府的親臺政策，認為密切的美臺關係會導致民進黨勢力坐大，必須在外交上壓縮臺灣國際空間。再次，陳水扁在臺灣內部受到深藍和深綠兩邊的牽制，施政不力，讓江澤民認為陳水扁四年後不會連任，不必對他釋出靈活性。最後，胡錦濤不想讓江澤民退休前在臺灣問題上有所突破，他打擊陳水扁的新戰略完全封殺了江澤民與陳水扁和解的空間。胡錦濤於二〇〇一年八月提出的對臺新戰略最終迫使陳水扁放棄「新中間路線」，二〇〇二年八月的「一邊一國論」是胡錦濤這一新戰略的結果，而不是原因。陳水扁在執政後期陷入貪瀆政治風暴，被迫改變立場，往激進臺獨路線靠攏。陳水扁試圖通過「防禦性公投」和「入聯公投」來突破「上海公報體制」對臺灣外交空間的框限，但不成功。

馬英九執政八年期間，表面尊重「上海公報體制」，實質上繼續尋找突破的機會。他不斷強調「一中各表」，宣稱「中華民國是主權獨立的國家」、「臺灣前途由二千三百萬人決定」，堅持「不統、不獨、不武」的路線。二〇一五年十一月七日，中華民國總統馬英九說服中華人民共和國主席習近平在新加坡會面，這是自中華人民共和國成立以來，兩國元首的首次會晤，象徵兩岸關係的重大突破，也是對「上海公報體制」的衝擊。表面上，為達成實質對等與尊嚴，雙方在會面時不用各自的正式官方頭銜，而是以「臺灣領導人」與「大陸領導人」的身分見面，並以「先生」互稱，以文字遊戲自欺欺人。不過，「馬習會」通過兩國元首的行為，默認了中華民國與中華人民共和國的關係是「特殊的國與國關係」。「馬習會」是兩國元首間的正式會晤，不管他們如何互稱對方，馬英九的唯一正式身分是中華民國總統，他當時並不是國民黨主席，而習近平是中華人民共和國國家主席。國際法公認，國家元首間的正式會晤是「國與國關係」的最高形式。會後，馬英九、行政院長毛治國、陸委會主委夏立言等，都強調「馬習會」「彰顯中華民國主權」，促使習近平「正視中華民國存在的事實」。果真如此的話，一個互相「彰顯主權」的峰會至少默認了雙方關係是「國與國關係」，因為只有國與國之間互動才必須「彰顯主權」。

「馬習會」事前磋商會議時，雙方也相互提醒要告知美國政府，結果雙方各自在二○一五年十一月二日通知美國。中華民國總統府發言人陳以信是在十一月三日晚間十一點四十分首度證實將舉行「馬習會」。十一月四日上午七點整，中華人民共和國國臺辦主任張志軍才宣布兩岸領導人將於七日會面。習近平會見香港特區首長前會告知美國嗎？當然不會。那麼，為什麼在舉行「馬習會」前，中華民國政府與中華人民共和國政府會同時先報告美國，然後再報告本國國民呢？很顯然的，雙方都認同兩岸關係實質是一種國際關係，對此重大突破有必要先向第三國美國通報。當然，「馬習會」也象徵中華民國與中華人民共和國兩國關係的「特殊性」，因為「馬習會」是在新加坡政府的協助下，於第三國舉行的。如果雙方關係不特殊，兩國元首間的正式會晤就不會專門去第三國舉行了。事實上，「馬習會」通過默認兩岸間「特殊的國與國關係」就已經在國際關係史上創立了先例，臺灣的媒體對「馬習會」的國際法意義沒有能給予充分認識和評價，相當可惜。

蔡英文就任總統後，一再宣示兩岸「維持現狀」，表面上似乎無意主動突破「上海公報體制」。她表示新政府會依據《中華民國憲法》、《兩岸人民關係條例》等相關法律處理兩岸事務；她也尊重中華民國現行憲政體制與兩岸既有的政治基礎，包括一九九二年兩岸兩會會談的歷史事實，當然，蔡英文也明確主張中華民國主權獨立。長期以來，民進黨批評國民黨的兩岸政策是統一政策，批評馬英九過度傾中，出賣臺灣人的利益。然而，就實質內涵而言，蔡英文與馬英九的兩岸政策目標並無本質差異，蔡英文期望建立一致性、可預測性且可持續性的兩岸關係，在維持臺灣的事實獨立時，推進「中華民國臺灣化」。二〇一六年十二月二日，蔡英文衝破近四十年慣例，與美國總統當選人川普進行「川蔡通話」。二〇一七年四月二十七日，蔡英文接受《路透社》（*Reuters*）專訪時稱：「我們有更多機會與美國政府直接溝通，且不排除與美國總統川普通話，但這取決於情況許可，以及美國對區域局勢的考量。」蔡英文也向中國國家主席習近平喊話，希望他表現出大國領袖風範，「中國現在必須要有承擔責任的覺悟。」

從歷史角度看，現代臺灣的這一形塑過程還在繼續。為了突破「上海公報體制」對臺灣國際關係和國際法地位的框限，蔡英文必須加速「中華民國臺灣化」的歷史進程：對內，她應該大力宣傳「中華民國認同」與「臺灣認同」互相接納，努力在文化和社會層面消除臺灣人民對國家認同的歧見；對外，她必須努力說服國際社會承認臺灣事實獨立，促使國際社會從默認臺灣人民對臺灣地位改變有否決權進升到承認臺灣人民對臺灣前途有決定權。當然，現代臺灣能不能被國際社會在法理上普遍承認和接受為一個主權獨立國家，除了有歷史的偶然性外，最終取決於臺灣人民的意志和勇氣。

另一方面，「上海公報體制」實施四十五年後，川普總統真的打算調整美國的「一個中國」政策嗎？川普曾經說，跟中國周旋會是美國最有挑戰性的長期課題，他指出「第一步就是對中國人擺出強硬姿態」，第二步是「保持彈性——然後永遠不要秀出手裡的牌」，與中國周旋「出其不意才能打勝戰」。他還說過，美國要轉變情勢，再次成為贏家，「第一就是組建全世界最先進、最有力、最有機動性的軍隊」。第二，「必須以經濟實力作為所有行動的出發點」。在與蔡英文通電話後兩個月，二〇一七年二月，川普在與習近平通話中承諾，他會堅持奉行美國的「一個中國政策」，意味著延續「上海公報體制」。二〇一七年四月，川普與習近平首次會面，似乎認同美中可以構建新型夥伴關係。不過，川普密切關注中國的行動，特別是在北朝鮮核武問題上與美國的合作態度，中國政府常說的「聽其言，觀其行」，對習近平同樣適用。中國要分擔亞太員警角色，首先要成功制服北朝鮮這個不聽話的小兄弟，川普政府正在拭目以待。

過去四十五年來，美國對中國的政策不是出於對中國的同情，而是基於對中國實力與意圖的估計，從美國所處現實出發、為美國國家利益所設計的。首先，它反映了一九七〇年代的景況，正如毛澤東所言：「基本問題是：無論美國也好，中國也好，都不能兩面作戰。」當時美中都需要進行戰略收縮，以便集中精力對付主要敵人，一九七二年二月，尼克森出發去北京前，季辛吉告訴尼克森，對於美國而言，「二十年以後，您的後繼者如果像您一樣明智，就會倒向俄國人那邊來對付中國人」。而且，季辛吉深信「如果中國更強的話，它就不會這樣一心一意地尋求同我們改善關係了」。四十五年後，季辛吉預期的那個「歷史時期」來臨了嗎？

其次，過去四十五年的八位美國總統都認為，促進世界貿易和經濟全球化，讓中國融入美國主導的國際資本主義體系中，可能改變中國的政治經濟制度，甚至社會價值觀；退一步說，美中經濟上互通有無的相互依賴，是防止美中衝突的主要方法。但是，川普曾公開罵「壞中國」政府「限制國民上網，鎮壓政治異議者，強行關閉報社，監禁反對者，限制個人自由，用網路攻擊別人，還利用它在世界各地的影響力操控經濟。同時還不斷增強它的軍事實力」。中國雖然是全球化最大受益者，其經濟的改革開放卻未導致政治現代化，相反，近年來，中國國進民退，威權盛行，還在國際上推銷中國價值觀（美其名為「中國夢」），這些現實會迫使川普政府審視美國對中國政策的基本假設。

更重要的是，習近平改變了鄧小平的「韜光養晦」的外交政策，同步推動「經濟崛起」和「軍事崛起」，中國擴軍備戰，且有好戰傾向，包括中國視南海為內海、劃設東海防空識別區、武力恐嚇臺灣等。崛起的中國希望重新建構亞太國際體系，不再容忍美國在亞太地區的獨霸，要與美國分享亞太員警角色，這恐怕也是習近平「中國夢」的一部分。中國挑戰美國時，一方面大規模地擴軍備戰，對臺灣武力威脅，另一方面不斷強調自己是和平崛起，但是，中國宣稱和平還不能贏得美國和鄰國的信任。不管它的意圖是什麼，中國軍力崛起的本身就已經對美國的霸權地位構成客觀挑戰，美國認為它在亞太地區的核心利益是保證航行自由、威懾中國軍事冒險、防止單方面領土吞併，而美國與臺灣發展更密切的軍事關係，將是維護美國核心利益的關鍵步驟。

面對中國的呼籲，川普是否願意與中國構建夥伴關係呢？川普曾經說：「有些人希望我不要把中國人說成我們的敵人，可是他們就是我們的敵人。」很明顯，川普曾認為中國挑戰美國主導的國際秩序，根本不是夥伴。川普對中國強硬的批評可能只是一種談判策略，「難以預測」才是川普的個性，川普政府如何與中國談判和確立「新型大國關係」，將是今後亞太安全的關鍵。《上海公報》發表四十五年後，崛起的中國希望重新建構亞太國際體系，而美國不能容忍中國與之爭霸，這才是「上海公報體制」不穩定的根本原因。

自二〇一六年一月十六日蔡英文當選中華民國總統以來，習近平有過多次對臺政策的公開講話，一再重申「堅決反對臺獨分裂勢力」。其實，他早在二〇一五年三月四日就警告「基礎不牢，地動山搖」，把許多臺灣民眾從夢中驚醒，反而激發臺灣人民用選票把蔡英文送進總統府。「地動山搖」是什麼意思呢？當然是武力威脅的意思，因為臺灣民眾都知道中國還有一千五百多枚導彈對著臺灣。其實，「和平統一」與「武力解放」一直是中國對臺政策的一體兩面，從毛澤東、鄧小平到習近平，六十多年來沒什麼本質的變化。

二〇一七年一月十一日，根據習近平的對美戰略，為應對川普新政府，中國國務院發表全文約一萬六千字的《中國的亞太安全合作政策》白皮書。該白皮書強調，中國致力於與美國構建「不衝突不對抗、相互尊重、合作共贏」的新型大國關係。白皮書發布當天，中國外交部副部長劉振民進一步說明，中美合作對亞太安全具有舉足輕重的作用，「美國即使是超級大國，一個大國也維持不了亞太安全，中國也不會取代美國」。可是，整份白皮書隻字不提臺海和平安全問題，似乎臺澎金馬已經沉入西太平洋。過去六十多年來，臺海問題一直是亞太安全的熱點，中華人民共和國這種無視中華民國獨立存在的態度，其實無法讓亞太各國相信它的亞太政策背後的真實意圖。

今天，中國要實現「和平崛起」，不僅應該與美國建立「新型大國關係」，也應該與臺灣建立「不衝突不對抗、相互尊重、合作共贏」的「新型鄰國關係」。中國要成為一個負責任的世界強國，而不是欺壓鄰國的霸權，就應該調整心態，讓兩岸關係有不一樣的格局。習近平不僅要突破毛澤東「反美」的外交路線框限，也應該突破毛澤東「一個中國」的迷思，「解放思想，實事求是，與時俱進」，承認「中華民國」的主權獨立，如此，才能在「和平共處五項原則」（互相尊重主權和領土完整、互不侵犯、互不干涉內政、平等互利、和平共處）基礎上，實現中華人民共和國與中華民國之間正常的國與國關係，成就兩岸永久和平。

意外的國父
——蔣介石、蔣經國、李登輝與現代臺灣（全新修訂版）

作者｜汪浩

主編｜洪源鴻
企劃｜蔡慧華
封面設計｜薛偉成
內頁排版｜宸遠彩藝

出版｜八旗文化／遠足文化事業股份有限公司
發行｜遠足文化事業股份有限公司（讀書共和國出版集團）
地址｜231 新北市新店區民權路 108-2 號 9 樓
電話｜02-22181417
傳真｜02-22188057
客服專線｜0800-221029
信箱｜gusa0601@gmail.com
Facebook｜facebook.com/gusapublishing
Blog｜gusapublishing.blogspot.com
法律顧問｜華洋法律事務所／蘇文生律師
印刷｜成陽彩色印刷股份有限公司

出版｜2020 年 08 月　二版首刷
　　　2023 年 08 月　二版五刷
定價｜380 元

本書 2017 年曾以《意外的國父：蔣介石、蔣經國、李登輝與現代臺灣》書名出版

國家圖書館出版品預行編目（CIP）資料

意外的國父：蔣介石、蔣經國、李登輝與現代臺灣 / 汪浩著. -- 二版. -- 新北市：八旗文化出版：遠足文化發行, 2020.08
ISBN ／ 978-986-5524-16-6（平裝）

1. 兩岸關係　　2. 臺灣政治

573.09　　109008224